귀곡자에게 배우는 처세술

귀곡자에게 배우는 처세술

초판 1쇄 2014년 7월 31일

지은이 | 노학자
옮긴이 | 김인지
펴낸이 | 채주희
펴낸곳 | 해피 & 북스

서울시 마포구 신수동 448-6
대표전화 (02)6401-7004 **팩스** (02)323-6416

출판등록 제 10-1562호(1985. 10. 29)

© 2014 by Elman Publishing Co. 2014, Printed in Korea

ISBN 978-89-5515-539-6
값 13,800원

저자와 협의하여 인지를 생략함.

동양철학에서 배우는 인문학

버려야 얻을
수 있다!

귀곡자 (鬼谷子)에게
배우는
처세술

노학자 지음 | 김인지 옮김

해피&북스

귀 곡자는 전국戰國 시대의 저명한 사상가이자 전략가이며, 종 횡가縱橫家의 시조이다. 그는 늘 수양에 힘썼고, 상대방의 마음을 꿰뚫어 보는 데 능했다. 강함과 부드러움에 대해 잘 알았고, 패합술에 정통했던 그는 전국 시대의 가장 신비로운 인물이기도 하다.

귀곡자는 전국 시대의 제자백가 가운데서 노자老子나 손자孫子, 공자孔子, 맹자孟子 등과 함께 이름을 드날렸다. 선진先秦 시대는 중국 역사상 각종 학술이 자유롭게 발전할 수 있었던 시대다. 그중에 하나인 귀곡자의 종횡학縱橫學 역시 충분히 발전할 만한 공간적 배경을 얻어 많은 사람들이 운용했다. 그리고 종횡학은 그의 제자들을 통해 당시 복잡했던 정치 환경에서 커다란 역할을 하게 되었다. 다시 말해, 제후들이 병사를 이끌고 나서서 전란이 끊이지 않았던 춘추春秋 전국 시대에 귀곡자의 네 제자들이 혼란스러운 정치 환경

속에서 매우 중요한 인물이 되어 활동했다는 것이다. 어쩌면 그들이 그 혼란스러운 세상을 좌지우지했다고 해도 과언이 아니다.

제齊나라의 군사였던 손빈孫臏은 군사적 재능이 탁월했다. 그가 쓴 『손빈병법孫臏兵法』은 손자의 『손무병법孫武兵法』과 함께 『손자병법孫子兵法』으로 불린다. 또한 위魏나라 군사 방연龐涓은 실전에 능해 수많은 전쟁에서 항상 승리함으로써 위나라를 7웅의 하나로 만들었다. 한편, 위의 두 인물과 마찬가지로 귀곡자의 제자인 소진은 합종술合縱術을 이용해 6국의 재상이 되어 진秦에 대항했다. 이 때문에 진나라가 함부로 군사 행동을 하지 못하게 된 것이다. 그러나 소진이 죽은 후 진나라의 재상이었던 장의가 연횡술連橫術을 이용해 6국의 합종을 깨뜨리고, 진나라가 천하를 통일하는 데 결정적인 역할을 했다. 어쩌면, 귀곡자의 종횡학이 지극히 현실에 부합하는 것이었기에 역사적으로 수많은 학자들이 그렇게 끊임없이 그의 지혜를 연구했는지도 모른다. 동한의 장량^{張良}이나 당나라의 위징^{魏徵}, 명나라의 유백온^{劉伯溫} 역시 귀곡자의 사상에 정통했다. 이들은 종횡학파의 이론을 이용해 위대한 업적을 이루어 내기도 했다.

그의 사상은 현대의 정치와 외교, 경영, 관리 등 여러 분야에서 광범위하게 응용되고 있다. 하지만 우리는 그의 사상 중에 대부분이 사회와 정치 투쟁 중에 나타나는 모략과 책략을 연구하고자 하는 기술이라는 점을 알아야 한다. 귀곡자의 사상과 지혜는 『귀곡자』에 모두 들어 있다. 『귀곡자』는 정치적 기술과 책략을 중심으로 하는 책으로서 귀곡자가 만들고 소진과 장의 등이 다듬은 '종횡가, 병가, 도가, 선가, 음양가 사상의 결정체'이다. 모두 14편으로 이루어진 『귀곡자』는 안타깝게도 13, 14편이 전해지지 않는다.

이 책은 『귀곡자』의 원전에 나타나는 지혜를 현대적 관점에 맞추어 새롭게 재해석한 것이다. 이 책은 원문 해석과 함께 과거와 현대를 넘나들며 그의 이론을 가장 잘 나타낼 수 있는 이야기를 중심으로 구성되었다. 이 책이 독자들로 하여금 더욱 쉽고 재미있게 귀곡자의 지혜를 깨우치는 데 큰 도움이 되리라 믿는다.

노학자
2007년 봄, 베이징의 도서관에서

그 신비한 휘장을 걷으며

시 대의 기인^{奇人} 귀곡자는 선진의 제자백가 중에서도 가장 걸
출한 사상가이자 지략가였다. 그는 독립적으로 종횡가를
만들어 냈기에 종횡가의 시조로 평가되기도 한다. 귀곡자는 신비에
가려진 인물이다. 그에 관한 기록은 역사 문헌에도 거의 남아 있지
않아서 일부 학자들은 그의 존재 자체를 의심하고 『귀곡자』가 후대
에 만들어진 위작이라 주장하기도 했다. 게다가 그의 고향이나 은
거지, 학설을 펼쳤던 곳이 어디인지 하는 의견도 분분하다. 심지어
민간에는 그가 신선이라는 말이 돌기도 했다. 여기에서는 귀곡자에
대해서 세 가지의 특징을 정리해 소개하겠다.

첫째, 귀곡자는 실존 인물이다.
『사기^{史記}』의 「소진열전^{蘇秦列傳}」과 「장의열전^{張儀列傳}」에는 귀곡
자가 소진과 장의의 스승이라고 나온다. 수^隋나라의 역사서인 『수
서^{隋書}』의 「경적지^{經籍志}」에는 종횡가와 관련된 저서로 『귀곡자』 3

12

권이 기록되어 있으며, "귀곡자, 초楚나라 사람. 귀곡에 은거"라는 주해가 달려 있다. 이렇게 『사기』와 『수서』는 귀곡자를 귀곡에 은거하며 유세설을 연구한 전국 시대의 은사라고 이야기했다. 이는 그가 실존 인물이라는 사실을 뒷받침하는 증거이다.

둘째, 귀곡자의 본명은 무엇인가?

성은 왕王이고, 이름은 후詡라 전해진다. 자주 운몽산에 들어가 약초를 캐며 수양을 했다. 청계의 귀곡에 은거했기 때문에 자신을 스스로 귀곡 선생이라고 불렀다고 한다. 당대唐代의 마총馬總은 『의림록意林錄』에 "주周 시절 귀곡에 은거하는 현사가 있었는데, 자신을 귀곡 선생이라 불렀다. 고향과 이름은 밝혀지지 않았다"라고 썼다. 또 『태평광기太平廣記』에는 『신전십유神傳拾遺』를 인용해 "귀곡 선생. 성은 왕, 이름은 후이고, 청계의 산중에 살았다"라고 기록되었다. 현대의 학자 정지에원鄭杰文은 "귀곡 선생은 전국 시대 중기의 정치가이자 사상가이다. 대략 기원전 390년에 태어나 320년에 사망한 것으로 추정된다. 정치 투쟁 경험이 풍부하고, 훗날 귀곡에 은거하며 자신의 경험을 바탕으로 제자를 양성했다. 소진과 장의가 바로 종횡 정치술의 계승자이다"라고 정의하기도 했다. 한 가지 알아 두어야 할 사실은, 아버지의 이름을 아들이 잇는 옛 풍습 때문에 귀곡자 이후 무려 10대가 모두 '귀곡자'를 호로 썼다는 사실이다. 이는 진하秦河 태수 왕계王稽가 벼슬길로 나올 때까지 이어졌다. 가장 마지막으로 귀곡자라는 이름을 쓴 사람이 바로 그의 아버지였다. 그런데 은거를 끝내고 벼슬길에 오른 왕계는, 결국 산둥山東 낭야琅琊의 제후가 벌인 모반에 연루되어 처형당하고 말았다. 당시 재상이자 그의 친구였던 범수范雎도 이 일로 목숨을 잃었다.

셋째, 귀곡자의 흔적

귀곡자의 고향이 어딘지는 의견이 분분한데, 대부분 섬남陝南 안

14

강시^{安康市} 석천현 ^{石泉縣} 일 것이라 추정한다. 촉한의 두광정^{杜光庭}은
『녹이기^{錄異記}』에 "귀곡 선생은 한빈^{漢濱} 귀곡에서 살았다"고 기록
했다. 실제로 석천현에 있는 운무산^{雲霧山}의 가장 높은 봉우리가 바
로 귀곡령이다. 명대의 『홍안부지^{興安府志}』에는 "운무산에 있는 귀
곡령에 선생이 은거했다고 전해지는데, 지금도 그 장소에는 그 흔
적이 남아 있다"라고 기록되었다. 그리고 청의 강희^{康熙}, 도광^{道光}
시대의 사료와 중화민국의 『석천현지^{石泉縣志}』에도 모두 귀곡자가
살았던 곳이 비교적 사실적으로 기록되었다. 귀곡자는 평생 동안
수많은 명산과 강을 돌아다녔다. 어떤 때는 마치 공자처럼 마차를
타고 제후국을 다니며 강연을 했고, 또 어떤 때는 깊은 산속에 은거
하며 한가롭게 책을 쓰기도 했다. 바로 이런 이유로 그의 일생 대부
분이 알려지지 않은 것이다. 이는 후대 사람들이 그의 흔적을 연구
하는 데 큰 장애가 되기도 한다. 허나, 귀곡자는 역시 중국 역사상 가
장 신비로운 인물이라는 점은 틀림없다.

처세의 기술, 패합지술

> "고패자故捭者, 혹패이출지或捭而出之, 혹패이납지或捭而納之, 합자闔者, 혹합이취지或闔而取之, 혹합이거지或闔而去之."
>
> 귀곡자·패합捭闔
>
> '개방'이란 나를 내보내거나 남을 들어오게 하는 것이다. 반대로 '폐쇄'란 감추어서 나를 구속하거나 남을 떠나게 만드는 것이다. 개방과 드러냄, 폐쇄와 감춤은 만물의 변화 규칙 가운데 하나이다.
> 패와 합의 운용 시기를 정확하게 파악하고 이를 적절하게 사용할 수 있다면 무슨 일이든 힘들이지 않고 손쉽게 처리할 수 있다.

처세에서

빼놓을 수 없는 것이 바로 패합술이다. 귀곡자는 이런 말을 했다.

"상대방을 드러나게 하는 것은 그 본모습을 알기 위함이요, 감추는 것은 그의 마음을 더욱 견고하게 하기 위함이다. 즉 상대방의 양적, 질적 측면을 알아내고자 그의 실력과 계획을 모두 드러나게 하는 것이다. 성인들은 이를 위해 많은 노력을 했는데, 만약 이를 알아내지 못하면 자책에 빠지기도 했다."

'패捭' 는 '여는 것開' 을, '합闔' 은 '닫는 것闔' 을 뜻한다. 귀곡자는 이렇게 열어서 드러내고 닫아서 감추는 패합술을 융통성 있게 이용하면 이 세상에 이루지 못할 것이 없다고 했다.

조조와 유비는 패합술의 달인들이었다. 그 유명한 '자주론영웅(煮酒論英雄, 술을 데워 마시며 영웅을 논한다-역주)' 이야기를 통해 전형적인 패합술을 엿볼 수 있다.

천자를 끼고 천하의 제후를 호령했던 조조曹操는 그 위세가 하늘을 찌를 듯 했다. 반면 뒤늦게 거병에 참여해 제대로 세력을 갖추지 못했던 유비劉備는 조조의 경계를 피하고자 자신을 숨기고 채마밭을 가꾸며 기회를 엿보았다. 그러던 어느 날, 조조가 술이나 한잔 하자며 유비를 찾아왔다. 조조는 그 술자리에서 유비의 본모습을 알아내려고 계속해서 그를 떠보았다. 하지만 신중한 유비는 좀처럼 조조의 꾀에 걸려들지 않았다. 그러나 역시 만만치 않은 상대인 조조도 끈질기게 천하의 영웅이 누구인지를 물었다. 한껏 난처해진 유비는 아무것도 모른다는 표정으로 원술袁術과 원소袁紹 그리고 유표劉表의 이름을 댔다. 하지만 고개를 젓던 조조는 손가락으로 유비와 자신을 가리키며 말했다.

"천하의 영웅은 그대와 나 둘뿐이오."

그의 말에 깜짝 놀란 유비는 당황한 나머지, 그만 쥐고 있던 젓가락을 떨어뜨리고 말았다. 그런데 공교롭게도 때마침 천둥 번개가 쳤다. 유비는 태연하게 젓가락을 주우며 말했다.

"천둥소리에 놀란 나머지 젓가락을 다 떨어뜨렸지 뭡니까, 하하."

유비는 이렇게 해서 자신이 놀랐던 진짜 이유를 속일 수 있었다.

훗날 유비는 조조, 손권孫權과 함께 천하삼분天下三分의 주인공이 되었다.

유비는 사실 패합술을 적절하게 이용한 덕에 성공을 거둘 수 있었다. 중국의 전통적인 지략 가운데 하나인 패합술은, 춘추전국 시대 종횡가縱橫家들의 경전이기도 했다. 귀곡자의 네 제자 중에 소진蘇秦과 장의張儀도 있었다. 누구보다도 열심히 패합술을 익힌 소진은 결국 세 치 혀로 6개국을 설득할 수 있었다. 마침내 6개국의 협력을 이끌어낸 그는 이들 국가의 인장을 한 손에 쥠으로써 명성을 날렸다. 그리고 장의 역시 아무리 생활이 쪼들려도 '내 세 치 혀가 있는 한 언젠가는 두각을 나타내리라'라고 믿어 의심치 않았다. 과연 그의 믿음은 틀리지 않았다. 나중에 그는 소진이 애써 이루어 놓은 6국 연합을 모두 해체해서 진나라의 통일에 커다란 공헌을 했다.

인생 역시 마찬가지이다. 적절하게 패합을 사용하고 마음껏 들고나감을 운용하는 것은 그야말로 처세의 핵심이라 할 수 있다.

드러냄과 감춤은 인생에서 일종의 선택과 같다. 이렇게 늘 각기 다르게 하게 되는 선택들은 인생에 서로 다른 영향을 미친다. 때로는 아주 작은 한 걸음이 인생을 좌우하기도 한다. 그러므로 중대한 선택의 갈림길에 서 있다면 드러냄과 감춤을 선택할 때 더욱 신중하게 행동해야 한다. 그리고 인생의 나침반이 필요하다면 사회 발전의 흐름과 천하대세의 변화를 정확하게 파악할 수 있어야 하고, 이를 통해 드러냄과 감춤을 적절히 선택해야 한다. 성공을 하려면 먼저 자신에게 유리하고 불리한 조건들을 구별하고 대세의 흐름을 파악한 후에 그것을 능숙하게 이용할 수 있어야 한다. 그렇지 않으면 아무리 대책이 많아도 성공하기는 힘들다.

역사에서 배우기

손빈孫臏과 방연龐涓은 모두 귀곡자에게 병법을 배웠다. 공명심이 강했던 방연은 먼저 하산해서 위魏나라로 갔고, 그곳에서 군사軍師가 되었다. 하지만 그는 자신이 아무리 노력해도 손빈을 따라갈 수 없다는 사실을 잘 알고 있었다. 바로 그렇기에 위 혜문왕惠文王 앞에서 단 한 번도 손빈의 이름을 언급하지 않았다.

훗날, 손빈 역시 스승의 막역한 친구인 묵자墨子의 추천을 받아 위나라로 가게 되었다. 손빈은 위왕을 만난 자리에서 막힘없이 병법을 술술 늘어놓았고, 이에 흡족한 위나라 왕은 그를 부군사로 삼으려 했다. 이때, 방연이 나서서 형제와 같은 손빈을 자신의 아래에 둘 수는 없다며 우선 그를 객경客卿 자리에 두고, 후에 공을 세우면 자신이 군사의 자리를 양보하겠노라고 말했다. 물론 진심은 아니었다. 이렇게 해서 손빈은 객경이 되었다. 이때부터 두 사람은 긴밀한 왕래를 시작했다. 사실, 방연은 비록 겉으로는 손빈을 벗으로 대했지만, 속으로는 그를 사지로 밀어 넣을 궁리만 하고 있었다. 그리하여 결국 방연의 함정에 빠져버린 손빈은 '빈형(臏刑, 무릎뼈를 제거하는 형벌-역주)'을 당하고 말았다. 그러고도 방연은 자신의 본마음을 여전히 꼭꼭 감춘 채 손빈에게 의원까지 보내주며 진심으로 위로하는 척했다. 그리고 손빈 역시 이런 친구에게 진심으로 감사했다. 그런 와중

20

에 스승이 주석을 단 『손자병법孫子兵法』을 뺏으려고 호시탐탐 기회를 노리던 방연은, 결국 손빈에게 그것을 베껴 주겠다는 허락을 얻어냈다. 하지만 손빈도 시종에게서 진실을 전해 듣고는 그제야 방연의 본모습을 제대로 알게 되었다. 방연에게 주려고 벌써 다 베껴 둔 책을 없애 버린 손빈은, 곧 자신이 살 수 있는 유일한 방법을 생각해 냈다. 바로 미친 사람 흉내를 내는 것이었다. 그날부터 손빈은 걸핏하면 울다가 웃다가를 반복하며 미친 척했다. 어느 날 방연이 찾아오자 손빈은 주위에 아랑곳하지 않고 큰 소리로 떠들었다.

"내가 왜 웃는 줄 아는가? 나를 죽이려고 혈안이 된 위왕은 정작 내가 10만 병사들의 보호를 받고 있다는 걸 모르기 때문이지. 그리고 내가 우는 건 나를 제외하고 이 위나라엔 장수다운 장수가 한 명도 없기 때문이야!"

그러고는 갑자기 눈을 부릅뜨고 방연을 노려보더니, 이윽고 바닥에 연신 이마를 찧어대며 소리쳤다.

"사부님, 살려주십시오!"

방연이 아무리 어르고 달래도 손빈은 그의 소매를 놓지 않고 계속 소리를 질러댔다. 결국 방연은 사람을 시켜 손빈을 떼어내고는 종종걸음으로 사라져 버렸다.

하지만 방연은 손빈이 진짜로 미친 것인지 아무래도 의심을 풀 수가 없었다. 그래서 몰래 손빈이 머무는 돼지우리로 사람을 보내 그를 살펴보도록 했다. 사방이 돼지 오물로 가득한 그곳은 고약한 냄새가 진동했다. 하지만 산발을 한 손빈은 태평하게 큰 대자로 뻗어 쿨쿨 잠을 자고 있었다. 그런데 잠시 후에 누군가가 음식을 가지고 와 손빈을 깨우며 말했다.

"얼마나 고생이 많으십니까? 군사 몰래 가져온 것이니 어서 요기나 좀

하십시오."

하지만 그가 방연이 보낸 정탐꾼이라는 사실을 이미 간파한 손빈은 소리를 지르며 말했다.

"나쁜 놈! 나를 죽이러 온 것이냐?"

술과 음식을 모두 쏟아버린 그는 쩝쩝 소리를 내며 돼지의 오물을 먹었다. 한편, 정탐꾼에게 이 이야기를 전해들은 방연은 그제야 차갑게 웃으며 말했다.

"그가 정말 미친 모양이군!"

이렇게 손빈은 미친 척으로 방연을 속여 간신히 목숨을 구했고, 훗날에 '위위구조(圍魏求趙, 36계 중 하나로, 위나라를 포위해 조나라를 구하는 계략·역주)'를 펼쳐 방연에게 철저하게 복수했다.

방연의 본모습을 알게 된 손빈은 자신과 상대방의 힘에 큰 차이가 있다는 것 역시 잘 알았다. 그가 방연을 속이고자 미친 척했던 것은 '패(捭)'이다. 그는 또한 계속 정신을 놔 버린 척했는데, 그 목적은 마지막까지 방연의 위협에서 벗어나려 한 것이었다. 이는 '합(闔)'이다. 결국, 손빈이 성공적으로 복수할 수 있었던 것은 모두 적의 마음을 정확히 꿰뚫어 보고 패합술을 적절하게 사용한 덕분이었다.

이렇게 보면 나가지 못할 것도, 들어오지 못할 것도, 이루지 못할 것도 없다. 이 이치를 이용하면 사람을 설득할 수 있고, 집안을 설복시킬 수 있고, 나라를 무릎 꿇게 할 수 있으며, 천하를 내 편으로 만들 수 있다.

귀곡자 · 패합

처세의 기술,
패합지술

02

자연스럽고 대범하게,
비굴하거나 거만하지 않게

"패합지도捭闔之道, 이음양시지以陰陽試之.
고여양언자의숭고故與陽言者依崇高, 여음언자의비소與陰言者依卑小,
이하구소以下求小, 이고구대以高求大"

귀곡자 · 패합捭闔

개방과 폐쇄의 규칙은 모두 음과 양의 두 가지 면에서 시험해 볼 수 있다. '양陽'
의 입장에서 유세하는 사람은 숭고한 대접을 받지만, '음陰'의 입장에서 유세하
는 사람은 비천한 대우를 받는다. 비천함으로는 작은 것을 얻고, 숭고함으로는
큰 것을 찾을 수 있다.
자신과 이야기를 나누는 이가 윗사람이거나 무언가를 부탁해야 할 대상이라면,
자연스럽고 대범하게 그리고 비굴하거나 거만하지 않아야 한다.

사람과

사람의 대화에는 언제나 주제가 있기 마련이고, 그것이 바로 대화
의 목적이다. 나와 대화하는 이가 윗사람이거나 혹은 무언가를 부
탁해야 하는 대상이라면, 더욱 더 대범하고 자연스럽게 행동해야
하며, 비굴하거나 거만하지도 않아야 한다. 다시 말해 자신을 너무
낮추지도 말고 모든 사람은 평등하다는 마음가짐으로 대화를 해야

24

한다는 것이다. 그렇지 않으면 이야기를 시작하기도 전에 벌써 불리해지고 만다. 아무런 속박 없이 이야기를 풀어 나가면 쉽게 상대방을 설득해 자신의 목적을 달성할 수 있다.

소진, 장의, 공손연公孫衍, 이사李斯 등의 종횡가들은 가난한 집안 출신으로, 대부분 지위도 비천했다. 하지만 그들은 높은 지위에 있는 사람들도 얼마든지 좌지우지할 수 있었다. 그야말로 한번 노하면 제후들이 겁을 먹고, 조용하면 천하가 편안해지는 인물들이었던 것이다. 그렇다면 그들이 유세가로서 큰 성공을 거둘 수 있었던 비결은 뭘까? 그들은 타인이나 가문, 나라, 더 나아가 천하를 대상으로 주장을 펼칠 때도 전혀 주눅이 들지 않았다고 한다. 유세를 펼칠 때면 늘 대범한 모습을 보여서 상대방이 자신의 말을 스스로 경청하게 한 것이다. 이들은 더욱 자신감에 찬 표정으로 자신의 주장을 막힘없이 풀어 놓았다. 이렇게 그들이 지닌 지혜의 창고가 활짝 열리면서 그들은 금세 천하의 인정을 받을 수 있었다. 귀곡자는 자신의 주장이 받아들여지지 않았다면, 그것은 상대방에게 그 도리와 이치를 분명하게 설명하지 못했기 때문이라고 생각했다. 그리고 만약 내가 말하고자 하는 바를 상대방이 명확하게 알면서도 이를 받아들이지 않는다면, 나의 이야기가 상대방에게 가슴 깊이 파고들지 못한 탓이라고도 했다. 요컨대 누군가를 설득할 때 가장 기본이 되는 것은 바로 상대방의 의심을 없애는 것이다. 나의 생각이 옳다는 것을 자신 있게 증명해 보일 수 있다면 상대방 역시 쉽게 나를 믿을 수 있는 것이다. 무일푼의 장의는 진秦 혜문왕惠文王을 만나서도 경전을 두루 인용하며 세상의 도리를 막힘없이 풀어 나갔다. 그러니 혜문왕과 대신들은 그의 이야기에 설득당하지 않을 수가 없었다. 그는 모든 문제를 진 혜문왕의 입장에서 생각했다. 힘은 있지만 천하 통일을 이루지 못한 제왕의 심정을 십분 이해했던 것이다. 그래서 혜문왕은 평소 다른 신하들의 이야기를 들을 때와는 달리 싫은 내색 하나 없었고, 오히려 장의와 같은 인물을 이제야 만난 것을 한탄했다. 상황이 이 정도이니 그의 유세가 성공을 거두지 않았다면 그것이 오히려 더 이상할 터였다. 장의의 비범한 언변술과 탁월한 식견을 높이 산 혜문왕은 그에게 높은 벼슬을 내렸다. 이렇게 해서 전에 오로지 가난하다는 이유만으로 초楚나라의 재상 소양昭陽에게 그가 애지중지하던 보물 화씨벽和氏璧을 훔쳤다고 도둑으로 몰리기도 했던 장의는 나중에 객경客卿이 되어 국가의 대사에도 당당히 참여하게 되었다.

사람들은 항상 중요한 이야기를 할 때는 먼저 장소와 대상, 그리고 경우를 고려해야 한다고 말한다. 하지만 역시 가장 신경 써야 하는 것은 바로 자연스럽고 비굴하지 않은 태도이다. 또한, 다른 사람과 교류하는 과정에서는 말하는 것뿐만 아니라 듣는 것도 즐길 줄 알아야 하며, 자연스럽고 대범하게 자신의 의견을 펼치면서도 자신의 감정을 적절하게 표현하고, 늘 자신감 있게 사람들을 대해야 한다.

역사에서 배우기

집안 사정이 어려웠던 범수范雎는 위나라의 대부 수가須賈에게 몸을 의탁하고 그의 문객이 되었다. 어느 날, 범수가 수가를 따라서 제齊나라를 방문했는데, 몇 개월이 지나도 왕을 만나지 못했다. 이에 범수가 나서서 탁월한 말솜씨를 발휘해 마침내 왕을 알현할 기회를 얻어냈고, 자신의 임무도 성공적으로 완수했다. 제 양왕襄王도 그의 언변에 반해 황금 열 근에다 술과 쇠고기까지 푸짐하게 내렸지만 범수는 이를 정중히 거절했다. 한편 이 일로 범수의 재능을 시기하게 된 수가는, 위나라로 돌아간 뒤에 범수가 제나라와 내통을 하고 뇌물을 받았다며 무고誣告했다. 이 말을 듣고 잔뜩 화가 난 승상丞相 위제魏齊는 사람을 시켜 범수를 매질하도록 했다. 온몸의 뼈가 부러지고 이까지 뽑힌 범수는 살기 위해 죽은 척하는 수밖에 없었다. 위제는 그제야 매질을 멈추게 하고, 범수를 거적때기에 둘둘 말아 뒷간에 내동댕이쳐서는 사람을 시켜 그 위에 오줌을 누게 했다.

이렇게 참을 수 없을 만큼 모욕을 당한 범수였지만, 그는 오히려 침착함을 잃지 않았다. 꾀를 써서 결국 살아난 범수는 그곳을 도망쳐 나오면서 이름을 장록張祿으로 바꾸었다. 그리고 얼마 후에, 그는 친구 정안평鄭安平의 도움으로 진秦나라의 사자使者 왕계王稽를 만났다. 역시나 범수의 말재주에 탄복한 왕계는 그의 탈출을 도와 진나라로 올 수 있게 해주었다. 범수는 이렇게 해서 탁월한 지혜와 냉정함 덕분에 무사히 위나라를 빠져나올 수 있었다.

훗날 범수는 진 소왕昭王에게 진나라의 국사를 따끔하게 질책하는 상소를 올렸고, 이 글을 본 소왕은 즉시 그를 궁으로 불러들였다. 입궁하던

날, 범수는 일부러 오직 국왕만 다닐 수 있는 길로 성큼성큼 걸어 들어가
서는 눈앞에 앉은 이가 왕이라는 사실을 알면서도 절을 하지 않았다. 그
의 이런 행동에 조정 대신들은 금세 시끄러워졌다. 하지만 범수는 눈 하
나 깜짝하지 않으며 이렇게 말했다.

"진나라에 왕이 어디 있단 말인가? 그저 태후와 권신權臣들만이 있
을 뿐!"

그에게 아픈 곳을 정확히 찔린 소왕은 조심스럽게 범수에게 청해 가르
침을 얻고자 했다. 하지만 소왕이 거듭 청을 하는데도, 범수는 입을 꾹 다
물고는 아무 말도 하지 않았다. 그래도 여전히 소왕이 화를 내지 않고 진
심으로 정사를 올바르게 돌볼 방도를 묻자, 범수는 그제야 입을 열어 치국
의 도를 술술 풀어 놓았다. 진나라는 당시에 역대 왕들이 일군 노력으로
국력이 상당한 수준이었다. 하지만 소왕이 집정하던 시기에는 일부 정책
들이 나라의 발전을 가로막은 데다, 당파 세력이 점점 강해져 군주의 권력
마저 심각하게 위협받고 있었다. 또한, 대외적으로도 이렇다 할 통일 정
책을 내놓지 못해서, 결국 노력에 비해 아무런 실효도 거둬들이지 못하는
상황이었다. 범수는 이러한 진나라의 상황을 정확하게 꼬집으면서 '원교
근공(遠交近攻, 36계의 하나, 먼 나라와 손을 잡고 가까운 곳을 공격하는 외교전략·역주)' 할
것을 제안했다. 이 전략이 성공을 거두자 그는 소왕에서 대권을 독점하라
고 권유했고, 소왕은 마침내 태후를 폐하고 권신들을 모두 쫓아버리고 군
주의 입지를 다졌다. 그리고 범수 역시 이 과정을 통해 진나라의 승상이
되었다.

뒷간에서 도망쳐 나오며 모욕감에 치를 떨었을 범수, 그는 이미 심한 모멸감과 치욕을 당했지만, 결코 비굴해지지 않았다. 가슴에 큰 뜻을 품었던 그는 천하의 정세를 정확하게 꿰뚫어 보았다. 그랬기에 당시 가장 강대한 진나라의 최고 통치자를 만난 자리에서도 전혀 위축되지 않고 오히려 자신감 있게 자신의 이야기를 펼쳐나갈 수 있었던 것이다. 이에 진 소왕은 먼저 자신을 낮추고 진심으로 범수에게 가르침을 청했다. 범수가 자신의 뛰어난 언변술을 뽐내며 함께 보여준 결코 비굴하지 않은 그 당당한 모습은 분명 배울만한 가치가 충분하다.

말하고 싶으면 오히려 침묵하고, 펼치고 싶으면 오히려 자제하라.

귀곡자 · 반응反應

자연스럽고 대범하게, 비굴하거나 거만하지 않게

03

역경을이기는
오합술

"계모불량충計謀不兩忠, 필유반오必有反忤, 반어시反於是, 오어피忤於彼,
오어차忤於此, 반어피反於彼"

귀곡자 · 오합忤合

무릇 지략을 쓸 때는 두 군주에게 모두 충성을 다할 수가 없고, 반드시 어느 한
쪽의 바람을 저버려야 한다. 한쪽이 원하는 바를 들어주려면 다른 한쪽의 염
원을 배신할 수밖에 없는 것이다.
하지만 한쪽의 바람을 외면하면 다른 한쪽이 하고자 하는 바에 영합할 수 있
다. 모든 일에는 정正과 반反, 이利와 폐弊, 직直과 곡曲이 있게 마련이다. 현명한
사람은 불리한 것을 유리하게 만들고, 수동적인 태도를 능동적으로 바꾸며,
위기를 기회로 만드는 데 뛰어나다.

오합술은,
귀곡자가 대립對立과 상반相反, 순응順應과 상합相合을 설명한 것이
다. '오忤'는 외면하고 배신하는 것이요, '합合'은 영합하고 마주 보
는 것이다. 귀곡자의 오합술은 이렇게 오와 합을 바탕으로 서로 전
환되는 면이 있다. 모든 일에는 정正과 반反, 이利와 폐弊, 직直과 곡曲
이 있게 마련이다. 현명한 사람은 자신이 처한 환경 속에서 상대방

의 계략에 맞서 자신이 원하는 바를 적절하게 조화시킴으로써 불리한 것을 유리하게 바꾸며, 굽은 것曲에서 곧은 것直을 보거나 반대로 곧은 것에서 굽은 것을 찾는다. 이렇게 함으로써 상황을 바꾸고 피동적인 상황을 주도적으로 이끌며 위기를 기회로, 또 위험을 안정으로 바꾸는 것이다. 귀곡자는, 만물은 항상 주기적으로 순환하며 서로 다른 발전 단계에는 항상 서로 다른 특징과 현실 배경이 존재한다고 여겼다. 다시 말해 처세에 성공하려면 변화와 발전을 이용할 수 있어야 하고 넓은 시야로 만물의 연관성과 독립성을 반복적으로 관찰하며 이를 명확하게 파악할 수 있어야 한다는 것이다. 이렇게 구체적으로 문제를 분석할 수 있어야만, 문제의 핵심을 정확하게 해결할 수 있다.

춘추 전국 시대에 초 장왕莊王은 즉위한 지 3년이 지나도록 정령政令 하나 공표하지 않은 채 오로지 술과 여색에만 빠져 지내서 신하들의 걱정이 이만저만이 아니었다. 그러던 어느 날, 신무외申無畏라는 대신 하나가 장왕을 알현하고자 청해왔다. 왕은 태연한 표정으로 신무외에게 물었다.

"그대는 무슨 일로 나를 찾아오셨소? 짐과 함께 음악을 들으며 술이라도 한잔하러 온 것이오? 아니면 긴히 할 말이 있는 것이오?"

그러자 신무외는 빙 둘러서 이야기를 하기 시작했다.

"신은 술을 마시러 온 것도, 음악을 들으러 온 것도 아닙니다. 다만 대왕께 여쭙고 싶은 일이 있어 긴히 찾아왔습니다."

그러자 장왕은 자못 궁금하다는 듯 되물었다.

"도대체 무슨 일이오? 어서 말해 보시오."

"초나라 어느 곳의 절벽에는 온몸이 오색 털로 뒤덮인 커다란 새가 있다고 합니다. 그런데 그 새는 3년이 지나도록 날지도, 울지도 않으니 도대체 그 이유를 알 수가 없습니다."

그의 이야기를 들은 장왕은 크게 웃으며 말했다.

"그 새는 분명 평범한 새가 아니오. 3년 동안 움직이지 않은 것은 날개의 힘을 비축하려는 것이었고, 날지 않고 울지 않은 것은 민정民情을 관찰하려는 것이었소. 그 새는 3년이나 날지 않았지만 일단 기지개를 펴면 날개의 끝이 하늘에 닿고, 3년이나 울지 않았지만 한 번 울면 세상을 놀라게 할 것이오. 그러니 조금만 기다려 보시오!"

그때부터 다시 3년이 지났을 때, 장왕은 춘추오패春秋五霸의 하나가 되어 천하에 그 위용을 떨쳤다. 장왕의 사고방식과 행동은 이렇듯 일반 사람들의 상식과는 달랐지만 그만의 특징이 있었다. 바로 객관적인 현실을 거스르지 않겠다는 것이다. 그래서 그는 힘을 비축하고 민정을 정확하게 파악한 뒤에야 행동을 시작했던 것이다. 마르크시즘에서는 "모든 사물에는 갈등이 존재하며, 특히 사물의 발전 과정 처음부터 끝까지 그 어떤 장소와 시기에도 항상 갈등이 숨어 있다"고 말한다. 그것이 바로 갈등의 보편성이다. 아울러 갈등을 일으키는 양측은 그만의 특수성을 가진다. 때문에 갈등은 보편성과 함께 특수성을 지니게 되는 것이다. 이처럼 갈등을 일으키는 양측은 일정한 조건하에 서로 전환될 수 있다. 그래서 '배신'이 '영합'으로 바뀔 수 있고, '영합'이 때로는 '배신'으로 바뀔 수 있는 것이다. 이러한 사실은, 불리한 환경에 처하더라도 자신을 믿고 능동성과 창의력을 발휘하며 열심히 노력한다면 얼마든지 지금의 나쁜 상황을 좋은 기회로 만들 수 있다는 점을 설명해 준다.

역사에서 배우기

　반첩여班婕妤는 한漢 성제成帝의 후비로, 그의 아버지 반황班況은 한 무제武帝 집정 후기에 변경 지역에서 적지 않은 공을 세운 인물이다. 한 무제는 조비연趙飛燕이 입궁하기 전만 해도 후궁 중에서 반첩여를 가장 총애했다. 그러나 조씨 자매가 궁에 들어와 황제의 사랑을 한몸에 받게 되자 두 자매의 행동은 날이 갈수록 방자해졌다. 이런 상황을 바꿀 능력이 없었던 허許 황후는 결국, 자신의 침궁 깊은 곳에 몰래 신단을 세우고서 황제의 장수를 축원하는 한편으로 조 자매에게 저주를 퍼부으며 분한 마음을 달랬다. 얼마 후에 이 일을 알게 된 조 자매는 일부러 황제 앞에서 허 황후가 자신들뿐만 아니라 황제까지 저주했다고 거짓말을 했다. 이 말을 듣고 크게 노한 황제는 황후를 바로 소대궁昭臺宮에 연금시켜 버렸다. 조 자매는 여기에서 그치지 않고 이 기회에 아예 정적 반첩여까지 없애려고 수작을 부렸고, 두 여인의 꼬임에 넘어가 버린 황제는 결국 반첩여를 사형에 처하려 했다. 하지만 반첩여는 자신의 목숨이 위태로운 상황에서도 태연한 표정으로 입을 열었다.

　"듣자하니 죽고 사는 것은 운명이 결정하고, 부귀와 빈천은 하늘의 뜻이라고 합니다. 선한 행동을 해도 복을 얻지 못하거늘, 어찌 악한 짓을 하며 무언가를 바랄 수 있겠습니까? 만약 신이 있다면 악한 자의 헛된 말을 듣지 않을 것이요, 신이 없다면 무엇을 바라고 빈다 한들 소용이 있겠습니까? 그렇기에 소첩은 신단을 세우고 남을 저주하는 일 따위는 하지 않습니다."

조목조목 이치에 맞는 반첩여의 말을 들으며 옛정을 떠올린 성제는 더는 죄를 묻지 않고 오히려 후한 상을 내리며 부끄러운 마음을 감추려 했다.

반첩여의 말 중에 '죽고 사는 것은 운명이요, 부귀는 하늘에 있다'는 것은 '합차(合此. 이쪽을 떠나 남과 합침)'에 속하며, '잘못을 고치고'와 '악함'은 '오피(忤彼. 다시 뒤집어 이쪽을 따름)'에 해당한다. '만약 신이 있다면'은 '합차'이며 '헛된 말을 듣지 않을 것이다'은 '오피'이다. 또 '만약 신이 없다면'은 '합차'이며 '그에게 비는 것 역시 헛수고이다'는 '오피'이다. 총명한 반첩여는 곤경에 처한 상황에서도 오합술을 적절하게 사용해 성제를 설득했고, 덕분에 위기에서 벗어날 수 있었다. 이것이 바로 오합술의 전형적인 운용 방법이다.

가정에서 오합술을 운용할 때는 반드시 집안 전체를 오합의 가운데에 두어야 한다. 또한, 어떤 사람에게 오합술을 쓸 때도 반드시 그 사람의 재능과 기세를 오합의 가운데에 두어야 한다. 이렇듯 오합지술은 그 범위가 크고 작음을 떠나 모두 같은 방법과 효과를 가진다.

귀곡자 · 오합

역경을 이기는
오합술

04

상대방의 비위를 맞춰줄 것

"심기의審其意, 지기소호오知其所好惡, 내취설기소중乃就說其所重, 이비겸지사以飛箝之辭, 구기소호鉤其所好, 시내이겸구지是乃以箝求之.

귀곡자 · 비겸飛箝

상대방의 생각과 바라는 바를 자세히 관찰하고, 그들이 좋아하는 것과 싫어하는 것을 알아야 한다. 그런 다음에 그가 중시하는 문제를 중심으로 이야기를 풀어나가며, 다시 '비飛'의 방법을 통해 상대방이 무엇을 좋아하는지 알아낸다. 그러고 나서 마지막으로 '겸箝'을 이용해 상대방을 제어해야 한다.
상대방이 가장 좋아하는 게 무엇일까? 가장 가지고 싶어하는 것은 무엇일까? 혹은 가장 부족한 것은 무엇일까? 가장 필요한 것은 무엇일까? 이 모두를 정확히 파악한 다음에 비위를 맞추면, 뜻하지 않은 수확을 얻을 수 있다.

우리는
매일 다양한 사람들을 만난다. 그런데 어떻게 해야 이들과 두루 잘 지낼 수 있을까? 이때 가장 중요한 것은 바로, 상대방이 좋아하는 것과 그 행동을 관찰하는 것이다. 상대방이 어떠한 주제에 관심을 보이는지 파악하면 쉽게 다가가 친구가 될 수 있다. 귀곡자는 「비겸」에서 어떻게 하면 상대방과 가까워져 더 큰 이익을 얻을 수 있는지 자세하게 설명했다. 여기에서 '비飛'는 명성을 키우고 격려하며 표창하는 것을 일컫고, '겸鉗'은 먼저 자신의 명성을 이용해 상대방의 환심을 산 다음에 다양한 방법으로 그를 자신의 통제 아래 두는 것을 뜻한다. 귀곡자는 상대방의 심리를 정확히 알 수만 있다면 그를 쉽게 내 편으로 만들 수 있다고 본 것이다. 다시 말해, 먼저 상대방을 충분히 인정해 주고 존경을 표한 다음 자신의 편으로 끌어들여야 한다. 상대방의 생각과 바라는 바를 자세히 관찰하고, 좋아하는 것과 싫어하는 것을 알아야 한다. 그런 후, 그가 중시하는 문제를 중심으로 이야기를 풀어나가며, 다시 '비飛'의 방법을 통해 상대방이 무엇을 좋아하는지 알아낸다. 그리고 나서 마지막으로 '겸鉗'을 이용해 상대방을 제어해야 하는 것이다.

　귀곡자의 종횡술을 배운 장의는, 먼저 초나라로 가서 부귀를 얻고자 했다. 하지만 그의 바람과는 달리 초 회왕懷王은 그를 냉담하게 대했다. 그래서 장의는 스승에게 배운 '비겸술'을 쓰기로 했다. 그 때부터 회왕을 유심히 관찰한 장의는 왕이 여색을 밝힌다는 사실을 알아냈다. 그는 회왕의 환심을 사려고 온갖 달콤한 말을 해 가며 왕의 여인들이 미모가 뛰어나다며 칭송했다. 이렇게 해서 왕의 마음을 얻은 그는 쉽게 높은 지위를 얻을 수 있었다.

　비겸술의 성공적인 운용은 상대방의 가려운 곳을 긁어주는 것이다. 이렇게 가려운 곳을 시원하게 긁어주다 보면 상대방은 어느새 나의 통제권 안에 들어오게 된다. 하지만 이 기술을 쓸 때는 반드시 신중을 기해야 한다. 자신의 의도는 드러내지 않으면서 상대방이 기꺼운 마음으로 나의 호의를 받아들여 내가 원하는 대로 움직일 수 있도록 해야 하기 때문이다. 절대 눈앞의 이익에 급급해 서둘러서는 안 되며, 모든 일을 순서에 맞게 진행해야 한다는 것을 잊지 말라. 상대방이 가장 좋아하는 게 무엇일까? 가장 가지고 싶어하는 것은 무엇일까? 혹은 가장 부족한 것은 무엇일까? 가장 필요한 것은 무엇일까? 이 모두를 정확히 파악한 다음에 비위를 맞추면, 뜻하지 않은 수확을 얻을 수 있다

역사에서 배우기

미국의 자동차 세일즈 왕 조 지라드Joe Girard는 자신의 성공 비결을 묻는 사람들에게 웃으며 말한다.

"별다른 건 없습니다. 그냥 고객에게 내가 그들을 좋아한다고 느끼게 하는 거죠."

조는 특별한 날이면 항상 짬을 내어 고객에게 "당신을 좋아합니다" 라거나 "저는 당신을 위해 존재합니다" 와 같은 인사말이 적힌 카드를 보낸다. 그저 카드에 몇 마디 적어 보내는 데 큰돈이 들지는 않는다. 하지만 그의 카드는 꽤 커다란 효과를 가져왔다. 이 덕분에 지라드는 많은 단골 고객들을 확보할 수 있었던 것이다.

어느 날, 한 중년 부인이 지라드의 매장에 찾아왔다. 자신의 언니가 모는 것과 같은 흰색 포드 승용차를 사고 싶어 매장을 찾은 부인은, 담당 세일즈맨이 자신을 한 시간이 넘게 기다리게 하자 어쩔 수 없이 시간이나 때

워볼 참으로 지라드의 매장에 왔다. 지라드와 이야기를 나누던 부인은 자기 자신을 위한 생일 선물로 차를 사려는 것이라고 말해줬다. 그날이 바로 그녀의 55번째 생일이었던 것이다. 지라드는 어떻게 행동했을까?

"생일 축하드립니다. 부인!"

그는 진심 어린 표정으로 축하 인사를 건네며 여인에게 마음껏 매장을 둘러보도록 했다. 그러고 나서 잠시 후에 지라드가 입을 열었다.

"부인, 흰색 차를 좋아하신다면 제가 좋은 상품을 하나 권해 드려도 될까요? 양문형 세단인데 역시 흰색입니다."

두 사람이 한참 이야기를 나눌 때, 지라드의 비서가 장미꽃을 한 다발 안고 들어왔다. 지라드는 비서에게서 장미를 건네받아 부인에게 선물하며 말했다.

"항상 건강하세요. 존경하는 부인."

생각지도 못한 선물에 감동받은 여인은 눈시울을 붉히며 말했다.

"누군가에게 장미꽃을 받아본 지도 정말 오랜만이네요."

그리고는 계속해서 말을 이어 나갔다.

"방금 그 세일즈맨은 내 낡은 차를 보고는 내가 새 차를 살 형편이 안 된다고 생각했나 봐요. 내가 차를 사겠다고 하자 일이 있다며 자리를 피해 버리더라고요. 그래서 당신의 매장 쪽으로 오게 된 거예요. 사실 나는 그냥 흰색 차를 가지고 싶었어요. 그리고 내 언니의 차가 포드라서 그냥 포드를 사려고 했던 거죠. 그런데 다시 생각해 보니까 꼭 포드가 아니어도 될 것 같아요."

결국 그 중년 부인은 지라드의 매장에서 시보레를 구입하고 일시불로 대금을 지불했다.

지라드는 결코 부인에게 포드를 포기하고 자신의 차를 구입하도록 강요하지 않았다. 그저 지라드의 배려에 감동받은 손님이 원래의 계획을 포기하고 시보레를 구입한 것이다.

조 지라드는 과연 세계적인 세일즈 왕다웠다. 중년 부인이 포드 세일즈맨에게 푸대접을 받았다는 사실을 눈치 챈 그는 그저 작은 관심과 존경을 보여주어 그녀를 감동하게 한 것이다. 그는 결국 장미꽃 한 다발과 진실 어린 말 한 마디로 영업 실적을 또 한 번 올릴 수 있었다. 상대방의 비위를 맞추는 방법은 이런 것 말고도 여러 가지가 있다.

비겸술을 타인에게 사용하려면 먼저 상대방의 지혜와 능력을 헤아려 보고, 실력을 가늠해 보며, 기세를 파악해야 한다. 그런 다음에 그것을 돌파구로 하여 상대방을 대하며, 더 나아가 비겸술을 이용해 평화로운 관계를 맺고, 선한 태도로 친분 관계를 쌓는다. 그것이 바로 '비겸' 의 운용이다.

귀곡자 · 비겸

상대방의
비위를
맞춰줄 것

모든 일에는 기교를

"구겸지어鉤箝之語, 기설사야其說辭也, 사동사이乍同乍,
기불가선자其不可善者, 혹선정지或先征之, 이후중누而後重累."

귀곡자·비겸飛箝

'구겸'의 말은 유세의 한 방법으로, 같았다가 달라졌다가를 반복하는 것이 그
특징이다. 구겸지술로도 제어할 수 없는 대상이 있다면, 먼저 핍박과 유혹의
방법을 쓰거나 힘든 일을 통해 심하게 나무랄 수 있고, 혹은 여론을 조성해 비
방할 수도 있다.
'기교機巧'란 상당히 오묘한 술책으로, 성공을 갈망하는 사람이라면 반드시
알아야 할 것이기도 하다.

아무리

재능이 많아 남들보다 뛰어나다 해도 자기가 가진 것을 효과적으로
활용하는 방법을 모른다면, 성공을 거두기 힘들다. "가짜가 진짜가
될 때는 진짜도 역시 가짜가 되고, 없는 것을 있는 것이라 우기면 있
는 것도 없는 것이 된다"라는 말이 있다. 이처럼 사람들은 무엇이 진
짜이고 가짜인지 정확히 알면서도, 때로는 거짓을 진실로 둔갑시키
기도 한다. 다시 말해, 거짓으로 유인하거나 심지어 핍박을 함으로

42

써 상대방이 숨기는 것을 드러내도록 하는 것이다. 그것이 바로 거짓으로 진실을 추구하는 것, 바로 '이가구진以假求眞'이다. 이것이야말로 진정한 기교이다. 귀곡자는 「비겸」에서 '이가구진'이 필요한 때를 설명하고, 이를 빌려 기교를 활용해야 함을 강조했다. 귀곡자는 비겸술의 가장 오묘한 점은, 바로 상대방의 심리를 반복적으로 살피면서 적절한 대응 방법을 결정하는 것이라 생각했다. 상대방의 비위를 맞추고 독려하는 방법으로 설득할 것이냐, 아니면 일부러 힘들게 하거나 비방하고 거짓을 이용해서 자신이 쳐 둔 함정에 걸려들게 할 것이냐를 결정하는 것이다.

소진이 제후들에게 자신 있게 '종횡'을 설득할 때, 진나라는 막 위나라를 손에 넣고 이어서 조나라를 공격하려고 준비하던 터였다. 소진은 종횡을 성공적으로 완성하고자 자신의 동문 형제인 장의를 진나라로 보내 진왕이 공격을 포기하도록 설득하게 하려 했다. 그래서 그는 장의에게 친필 서신을 보냈다. 장의가 조나라에 오면 반드시 그가 중용되도록 해 주겠다는 미끼를 던진 것이다. 얼마 후에 조나라에 도착한 장의는 기쁜 마음으로 한달음에 부귀와 영예를 모두 거머쥔 자신의 동문 소진을 찾아갔다. 하지만 어찌된 일인지 그는 계속 문전박대를 당해야만 했다. 소진은 자신이 먼저 장의를 불러들이고도 오만하고 무정하게 그를 모른 체한 것이다. 심한 모욕감을 느낀 장의가 참지 못하고 소진에게 욕을 퍼붓자, 소진은 오히려 태연한 표정으로 장의의 화를 더욱 돋우었다.

"여자(余子, 장의의 자·역주)의 재능은 나보다 뛰어나니 나는 당연히 자네가 나보다 먼저 뜻을 이루었으리라 생각했지. 자네가 오늘날처

럼 곤궁해졌을 줄은 정말 몰랐네. 내 본래는 조후에게 자네를 추천
해서 부귀영화를 누리게 하려고 했네만, 누가 아는가! 혹시 그동안
자네의 재능이 다해 쓸모가 없어졌다면 나에게까지 화가 미칠지도
모르지 않겠는가!"

장의도 여기에 지지 않고 맞섰다.

"대장부라면 자기 자신의 힘으로 스스로 부귀를 얻어야지, 꼭 누
구의 천거를 받아야 하는가!"

그의 말에 소진은 냉소를 흘리며 응대했다.

"그렇다면 알아서 살길을 찾아보게나."

소진은 말을 마치고는 금 열 냥을 내어 주었다. 하지만 장의는 그
것을 바닥에 집어 던지고 자리를 박차며 일어나 떠나 버렸고, 소진
역시 그를 붙잡지 않았다. 이제 갈 곳이 없어진 장의는 소진의 바람
대로 원래 가기로 했던 진나라로 떠났다.

이 이야기 속에서 장의가 보고 들은 것과 소진이 행한 것은 모두
거짓에 속한다. 그 배후에서 보이지 않는 손이 장의를 진나라로 이
끌었던 것이다. 이것이 바로 격려하거나 칭찬하기보다는 오히려 상
대방을 공격하고 핍박해서 자신의 목적을 이루는 방법이다. 다시
말해, 간곡히 부탁하는 것보다는 차라리 도발하는 것이 더 낫다는
이야기이다. 누군가에게 어떤 부탁을 해야 할 때 계책을 이용해서
상대방이 자신도 모르게 내가 원하는 대로 움직이게 하는 것! 이 이
야기 속의 소진처럼 이러한 기교를 제대로 쓸 수만 있다면, 자신의
목적을 쉽게 달성할 수 있다.

역사에서 배우기

핫산Hasan이라는 사내가 한 상인에게 금 2,000냥을 빌려주었다. 하지만 이튿날에 그는 돈을 빌려주고 상인에게 받은 차용증을 잃어버리고 말았다. 사방을 다 뒤져봐도 차용증을 찾을 수가 없자 그는 온몸에 식은땀이 흘렀다. 옆에 있던 아내도 뾰족한 수를 찾지 못하고 그저 남편의 부주의함을 탓할 뿐이었다. 마음이 급해진 핫산은 서둘러 가장 친한 친구 나스레틴Nasrettin을 찾아가 방법을 물었다.

"만약 그 상인이 이 사실을 알면 분명히 돈을 돌려주지 않으려고 할 거야. 맙소사, 무려 금화 2,000냥이라고! 하지만, 이제 나에겐 그에게 돈을 빌려 주었다는 증거가 없네."

그러자 나스레틴이 물었다.

"자네가 그에게 돈을 빌려주었다는 것을 아는 사람은 없나?"

"내 아내가 알긴 하지만 그것도 상인이 돌아가고 나서 내가 말해준 것이라네."

나스레틴은 실망한 듯 말했다.

"그건 물고기가 달아난 뒤에 그물을 거두러 가는 것이나 다름없군. 그렇다면 돈을 갚기로 한 날짜는 언제인가?"

"일 년 뒤라네."

그 말을 듣고 잠시 생각에 잠긴 나스레틴이 이윽고 입을 열었다.

"그렇다면, 그 상인에게 그가 돈을 빌렸다는 증거를 요구하면 되겠군."

"뭐라고? 돈을 빌려간 사람에게 그 증거를 달라고 한단 말인가?"

핫산은 전혀 모르겠다는 표정을 지으며 황당한 듯 웃음을 지었다.

나스레틴은 계속 말을 이어갔다.

"어서 그 상인에게 편지를 쓰도록 하게. 자네가 빌려준 금화 2,500냥을 빨리 갚으라고 말일세."

"내가 빌려준 금액은 2,500냥이 아니라 2,000냥이네, 이 사람아."

그러자 나스레틴이 웃으며 말했다.

"일단 한번 내 말대로 해보게나."

과연 편지를 보낸 지 열흘도 채 되지 않아서 상인에게 답장이 왔다.

"선생님께 갑자기 특별한 사정이 생겨 제가 빌린 돈을 빨리 갚아 달라고 하셨지요? 하지만 선생님의 부탁은 들어드릴 수 없습니다. 우리 상인들은 1년을 기한으로 돈을 빌립니다. 그리고 그 계획에 따라 물건을 사고 팔지요. 그리고 선생님께서는 빌려 주신 금액도 잘못 쓰셨더군요. 분명 잘못 쓰셨습니다. 제가 빌린 것은 금화 2,000냥이지, 2,500냥이 아닙니다. 제가 직접 쓴 차용증도 가지고 계시지 않습니까? 혹시 다른 사람의 차용증을 착각하신 건 아닌지요? 제가 빌린 건 2,500냥이 아니라 분명히 2,000냥이었습니다."

핫산은 그제야 즐거운 마음으로 상인의 편지를 들고서 나스레틴에게 달려갔다.

상인에게 돈을 빌려준 것을 증명하는 차용증을 잃어버린 핫산은 다행히 친구의 도움을 받아 위기를 넘길 수 있었다. 바로, 급하게 돈을 갚아 달라고 요구하며 일부러 금액을 500냥 많게 말한 것이다. 그러자 상대방은 당황한 나머지 자신이 빌린 액수를 정확하게 적어서 답장을 보내왔다. 핫산은 이렇게 해서 차용증과 같은 효력을 지닌 증명서를 얻게 된 것이다. 이 이야기는 무슨 일을 하든지 원칙은 있겠지만 아울러 임기응변 역시 매우 중요하다는 사실을 알려준다.

상대방을 제압하려면, 침묵하거나 반대하거나 혹은 의심함으로써 상대방이 스스로 진실을 드러내도록 해야 한다.

귀곡자 · 패합

06

버려야만 얻을 수 있다

"기용其用, 혹칭재화或稱財貨, 기위琦瑋, 주옥珠玉, 벽백璧帛,
채색이사지采色以事之, 혹량능립세이구지惑量能立勢而鉤之,
혹하후견간이겸지或何候見澗而箝之, 기사용저희其事用抵戲."

귀곡자 · 비겸飛箝

어떤 사람을 중용하고 싶을 때는, 먼저 재물이나 진귀한 주옥, 비단 등을 남의 것과 비교하기도 하고, 혹은 자기의 능력을 키워서 상대방을 유인하기도 하며, 혹은 결점을 찾아내어 상대방을 제압하라.
"얻는 것이 있으면 반드시 잃는 것이 있다" 는 옛말이 있다. 같은 이치로, 미련 없이 버릴 때야 비로소 무언가를 얻을 수 있는 법이다.

고사故事들을
보면 참 재미있는 것이 많다. 사(舍, 버리다)와 득(得, 얻다)은 원래 반의어이다. 이 두 글자로 단어를 만들 때는 항상 '사' 를 앞에 놓고, '득' 을 뒤에 두었다. 그러면 '선사후득(先舍候得, 먼저 버리고 뒤에 얻는다-역주)', '불사부득(不舍不得, 버리지 않으면 얻지 못한다-역주)', '소사소득(小舍小得, 작은 것을 버리면 작은 것을 얻는다-역주)', '대사대득(大舍大得, 큰 것을

48

버리면 큰 것을 얻는다-역주' 과 같은 조합을 만들 수 있다. 이러한 예에서 볼 수 있듯이 우리는 먼저 버리는 것을 배워야 한다. 버림으로써 얻고, 잘 배우고 잘 얻는 법을 말이다.

어떤 때는 더 큰 손실을 방지하고자 먼저 버릴 필요가 있다. 때로는 '작은 것'을 버려 더 '큰 것'을 얻을 수 있기도 하니 말이다. 그렇게 하면 갈등을 해결하는 동시에 위험도 해소할 수 있다.

귀곡자는 다른 사람과 갈등이 빚어졌을 때 자신이 열세에 놓였다면, 반드시 그 득실을 따져보고 작은 것을 버려 큰 것을 지켜야 한다고 말했다. 자진해서 재물이나 보석 같은 아름다운 물건들을 상대방에게 주어 자신에게서 의심을 거두게 하고, 서로 간에 이익이 충돌하는 상황을 완화해야 한다는 말이다. 이를 바로 '구겸지술鉤箝之術'이라고 하며, 갈등을 해소하고 주의력을 분산시켜 위험에서 벗어나는 데 쓰인다.

그 과정에서 운용할 수 있는 것이 바로 '저희지술抵戲之術'이다. 먼저 상대방을 파악하는 것이다. 상대방을 유인하려면 반드시 상대에 관한 가장 중요한 자료를 수집해야 한다. 그런 다음에 상대방의 약점과 기호를 파악해 그가 원하는 것을 과감하게 주어야 한다. 그렇게 하면 더 큰 손실을 막을 수 있기 때문이다. 이때 중요한 것이 바로 '과감함'으로, 이를 통해 생명도 지킬 수 있다는 사실을 명심해야 한다.

장의가 연횡책連橫策을 주장하는 유세를 마치고 함양咸陽으로 돌아왔을 때였다. 그때 진나라에서는 혜문왕이 이미 병으로 세상을 떠나고 태자 탕蕩이 그 뒤를 이어 무왕武王이 되었다. 성격이 거칠고 직선적인 무왕은 꾀가 많은 장의를 싫어했다. 그러자 조정의 대신들은 기회다 싶어 하나둘씩 장의의 험담을 늘어놓기 시작했다. 자연스럽게 장의는 밤낮으로 불안에 떨 수밖에 없었다.

한편, 이 소식을 전해들은 제 선왕宣王은 즉시 맹상군孟嘗君을 여러 나라에 보내 동맹 관계를 회복하자고 호소했다. 아울러 그는 장의에게 엄청난 현상금을 내걸고 수배령을 내리기도 했다.

이 소식을 들은 장의가 진 무왕에게 말했다.

"듣자하니 제나라의 선왕은 저를 무척이나 미워한다고 합니다. 제가 지금 진나라에 있으니 그는 분명히 병사를 일으켜 이 나라를 칠 것이 뻔합니다. 그러니 저는 진나라를 떠나 위나라로 가겠습니다. 그렇게 되면 제나라는 분명 위나라를 공격할 테니 대왕께서는 위나라와 제나라의 사이가 벌어지기를 기다렸다가 틈을 노려 공격하십시오. 이것이야말로 천하를 통일할 수 있는 좋은 기회입니다."

그의 말을 들은 무왕은 무척이나 기뻐하며 아무런 의심 없이 장의를 보내 주었다. 마차 서른 대까지 내주면서 말이다. 한편, 장의가 왔다는 소식을 들은 위 양왕襄王은 직접 성 밖까지 나와 그를 맞아 주었다. 얼마 지나지 않아 장의는 위나라의 재상으로 임명되었다.

장의가 유세를 끝내고 나자 진나라에는 그의 공적을 시기하는 사람들이 점점 늘어났다. 왕의 총애마저 잃어 곤경에 처하게 된 그는, 엎친 데 덮친 격으로 제 선왕이 수배령을 내려 정말로 진퇴양난의 상황에 빠지고 말았다. 이젠 어쩔 수 없이 풍전등화 신세가 된 장의는 과감하게 작은 것을 버리고 큰 것을 얻기로 했다. 바로 진나라를 떠나 위나라로 투항하는 것이었다. 그는 오직 '살고자' 진나라에 많은 공을 세워 얻은 모든 부귀영화를 버리고 다시 세객說客이 되는 길을 택했다. 사실, 아무리 장의를 싫어한 진왕이라도 그가 자신을 위해 내놓은 '천하를 통일할 수 있는 좋은 기회'를 거절하기는 힘들었던 것이다. 이렇게 장의는 '과감함'으로 진 무왕과의 갈등을 해소했고, 위나라로 피신할 좋은 기회까지 얻게 되었다.

위의 일화는 우리에게 '작은 것을 버리면 더 큰 것을 얻을 수 있다'는 깨달음을 안겨 준다.

역사에서 배우기

유비劉肥는 한 고조 유방劉邦의 큰 아들이다. 하지만 그의 어머니가 유방의 정실부인이 아니었기에 그는 제왕齊王으로 봉해지는 데 만족해야 했다. 그렇지만 유비는 제왕 가운데 영지를 가장 넓게 소유하여 그의 지역에만 해도 성이 무려 70개나 있었다.

기원전 193년에 유비가 입궐하자 한 혜제(惠帝, 유방의 적장자-역주)는 유비를 상석에 앉히고 술을 권하는 등 형제의 예로써 그를 대했다. 하지만 이런 모습이 달가울 리 없던 여태후는, 몰래 독주를 준비해서 유비에게 축수를 하고 술을 마시게 했다. 한편, 그녀의 의도를 전혀 알 리가 없는 혜제는 자신도 유비와 함께 태후에게 축수를 하겠다며 술잔을 빼앗으려 했다. 상황이 어쩔 수 없게 되자 여태후는 일부러 술잔을 쏟아 버리고 말았다. 이를 본 유비는 찜찜한 마음에 취한 척하고 서둘러 그 자리를 빠져 나왔다.

얼마 후에 여태후가 자신을 죽이려고 술잔에 독을 탔다는 사실을 알게 된 유비는 안절부절못했다. 자기 영지에 살아 돌아가지 못할 것만 같은 불길한 예감 때문이었다. 그때 그의 모사가 말했다.

"태후에게 친혈육이라고는 혜제와 노원 공주뿐입니다. 왕께서는 성을 70개나 가지고 계시지만, 노원공주에게는 오직 탕목읍(湯沐邑, 왕과 비, 왕자와 공주들이 부세를 거두어 관할하는 지역-역주)뿐입니다. 그러니 태후에게 성을 하나 내주시어 노원 공주의 탕목읍으로 삼게 하는 것이 어떻겠습니까? 태후는 하나뿐인 딸을 무척이나 아낀다고 하니 분명 좋아할 것이고, 그러면 왕께서도 화를 피할 수 있을 것입니다."

유비는 그의 계책에 따라 성양군을 여태후에게 바쳤다. 과연, 여태후는 크게 기뻐하며 유비에게 술을 하사하기까지 했다. 물론 유비는 무사히 자신의 영지로 돌아올 수 있었다.

유비는 노원 공주에게 성을 바침으로써 여태후의 핍박에서 벗어날 수 있었다. 우리 역시 살아가면서 얼마든지 그와 같은 위험을 만날 수 있다. 그럴 때는 지금 가진 것을 과감하게 버려야 한다. 작은 것을 버리면 더 큰 것을 얻을 뿐만 아니라 위험에서도 벗어날 수 있다.

비겸술을 이용하려면 우선 그 사람의 지략과 재능을 시험해 보아야 하고, 하늘과 땅의 성쇠를 관찰해야 한다. 지형의 넓고 좁음과 산천의 험준함을 파악해야 하며, 사람들에게 재물이 많은지 적은지도 알아보아야 한다. 또 제후 간에 멀고 가까움도 관찰해야 한다. 누가 누구와 소원한지, 누가 누구와 가까운지조차 알아야 한다.

귀곡자 · 비겸

버려야만
얻을 수 있다

07

작은 것에서
큰 것을 보라

자신의 마음에 평정을 얻어야 한다. 그러면 상대방의 말을 듣고 사물의 이치를 관찰하며 만물을 이야기하고 자웅을 분별할 수 있다.

비록 그것이 사건의 핵심은 아니더라도 작은 조짐을 보고 앞으로 일어날 큰일을 예감할 수 있다. 사소한 일도 똑똑히 관찰할 수 있는 사람은 작은 일에서 사물의 본질을 꿰뚫을 수 있다.

귀곡자는

"날실과 씨실은 가을 동물의 털처럼 짧지만 태산의 높이도 잴 수 있다"라고 말했다. 여기에서 말하는 가을 동물의 털은 바로 가을이 되었을 때 털갈이 후 짐승의 몸에 새로이 나는 짧은 털을 말한다. 귀곡자는 이 비유를 통해 작은 것을 보고도 큰 것을 가늠할 수 있는 성인들을 표현했다. 현명한 사람은 일의 발단만 보고도 그 본질과 발전 방향을 가늠할 수 있다. 그들은 예민한 눈을 가졌기에 아무리 작은

54

것이라도 분명하게 볼 수 있고, 사물의 이치를 정확히 꿰뚫어 볼 수 있다. 다음에 나올 귀곡자의 이야기를 잘 알아두면, 큰 화나 손해를 피할 수 있을 것이다.

때는 초여름, 하늘은 구름 한 점 없이 맑고 꾀꼬리는 정답게 지저귀며 매미는 한껏 목청을 돋우고 나비도 한가롭게 날갯짓을 하고 있었다. 그때 귀곡자가 갑자기 손빈과 방연에게 말했다.

"곧 물이 불어날 테니 너희들은 빨리 산을 내려가서 마을 사람들에게 이를 알리고, 서둘러 집을 정비하고 식량을 비축하게 해라."

갑작스러운 스승의 말에 손빈과 방연은 반신반의했지만, 더 묻지는 못하고 재빠르게 산을 내려갔다. 3일이 지나자, 신기하게도 귀곡자의 말은 꼭 들어맞았다. 갑자기 천둥 번개가 치고 큰 비가 내리더니 사방이 물바다로 변해 버린 것이다. 다행히 귀곡자가 미리 이를 알려준 덕분에 백성들은 큰 화를 면할 수 있었다. 마을 사람들은 귀곡자에게 머리를 조아려 감사를 표했고, 손빈과 방연 역시 이 일로 스승을 더욱 존경하게 되었다. 마치 점쟁이처럼 미래의 일을 알아맞히는 귀곡자가 신기하기만 했던 두 사람은, 실례를 무릅쓰고 일의 자초지종을 물었다. 그러자 귀곡자는 태연한 표정으로 말했다.

"나는 신선이 아니다. 또 신처럼 어떤 일을 미리 알지도 못한다. 그저 해마다 기상을 관찰하면서 규칙을 하나 발견한 것뿐이다. 홍수가 나기 전 새벽에는 항상 하늘이 뿌옇게 물드니 곧 큰 물난리가 날 것이라 예측할 수 있었던 것이다."

어느 날, 귀곡자는 손빈과 방연을 데리고 함께 산책을 하고 있었다. 바람 한 점 불지 않던 그 날은 파란 하늘에 흰 구름이 둥둥 떠다녔는데, 마치 그 모양이 지붕 꼭대기의 기와 모양 같았다. 그런데 귀곡자는 그런 날씨를 보고는 그 해에 큰 가뭄이 들 것이라고 예측했다. 그래서 손빈과 방연에게 서둘러 산을 내려가 이를 알리고, 물을 비축하고 가뭄을 견딜 수 있는 작물을 재배하는 등 미리 먹을 것을 마련해 두도록 했다. 과연, 귀곡자의 말은 이번에도 딱 맞아떨어졌고, 백성들은 또 한 번 위기를 피해갈 수 있었다. 작은 것을 보고 큰 것을 아는 사람은 마치 귀곡자와 마찬가지로 큰 화를 미리 피할 수 있으며, 이는 어떤 일의 지속적인 발전에도 큰 도움이 된다. 그렇다면 어떤 방법을 통해서 이런 능력을 키울 수 있을까? 먼저 독특한 안목으로 자신과 주변을 세심하게 관찰할 수 있어야 한다. 자신을 관찰하면 남을 알 수 있고, 오늘날의 것을 자세히 살피면 옛것을 깨달을 수 있다. 또, 병에 담긴 물이 언 것을 보고도 곧 추위가 닥쳐올 것을 알 수 있다. 작은 것에서 큰 것을 볼 줄 아는 사람은 열린 사고와 풍부한 상상력을 지녔다. 뉴턴은 사과가 떨어지는 것을 보고 만유인력의 법칙을 생각해 냈고, 코페르니쿠스는 태양이 동쪽에서 떠서 서쪽으로 지는 아주 일반적인 현상을 보고 '지동설'을 제기했다. 또, 필승畢昇은 도장의 조각과 굽기를 이용해 활자 인쇄술을 발명했으며, 라이트 형제는 하늘을 나는 새를 보고 비행기를 발명했다. 이렇게 사회가 끊임없이 발전함에 따라 각종 신기한 물건들과 현상이 계속해서 나타나고 있다. 그러므로 우리는 빨리 이것들을 파악하고 이해해서 내 것으로 만들어야 한다. 그럴 수 있으려면, 우리는 과학적인 사고방식과 함께 작은 것을 보고 큰 것을 깨우치는 능력을 갈고 닦아 더욱 빨리 이들의 본질을 알 수 있도록 노력해야 할 것이다.

역사에서 배우기

기원전 158년에 흉노들이 힘을 합쳐 한나라의 북쪽 변경을 공격해 왔다. 이에 한 문제文帝는 유찰劉札과 서려徐厉, 그리고 주아부周亞夫를 장군으로 삼아 각각 파상灞上과 극문棘門, 세류細柳에 주둔하게 했다. 수도 장안長安으로 통하는 중요한 길목들을 지키도록 한 것이다. 얼마 후에 문제는 병사들을 위로하려고 직접 군영을 방문했다. 먼저 파상과 극문을 방문했을 때였다. 황제의 마차는 아무런 제지도 없이 군영 안으로 들어설 수 있었고, 황제가 떠날 때는 장수들이 모두 말을 타고 나와 환송했다. 하지만 세류 군영은 달랐다. 군관을 비롯해 사병 모두가 갑옷을 입고 손에 무기를 든 채 전투태세를 유지하고 있었던 것이다. 사자가 먼저 도착해 황제의 왕림을 알렸지만, 문지기는 이들을 들여보내 주지 않았다.

"곧 황상의 마차가 도착할 것이란 말이다."

사자들이 아무리 호통을 쳐도 문지기는 완고했다.

"군영 안에서는 오로지 장군의 명을 들을 따름이오."

얼마 후 황제의 마차가 도착해서도 문지기는 여전히 그들을 들여보내 주지 않았다. 문제는 어쩔 수 없이 자신의 부절(符節, 황제의 징표-역주)을 보여 주고 난 뒤에, 사람을 보내 주아부에게 '황제가 병사들을 위로하고자 왕림하셨다'는 소식을 전하게 했다. 이 소식을 들은 주아부는 그제야 군영의 문을 열어주었다. 황제의 마차가 막 들어가려는 찰나, 문지기가 또 다시 그들을 막아서며 말했다.

"장군께서는 군영 안에서 수레가 달리지 못하도록 규정하셨습니다."

그 말을 들은 황제는 말고삐를 늦추고 천천히 달리게 했다. 이윽고 군영 한가운데에 이른 황제는 앞에 완전 무장을 하고 늠름하게 서 있는 주아부의 모습을 볼 수 있었다. 황제를 만난 그는 두 손을 모으며 말했다.

"신이 갑옷을 입었기에 절을 올리지 못하고 군의 예절로 배알드리니 용서하십시오."

그의 모습에 큰 감동을 받은 황제는 수레 위에서 정중하게 답례를 했다. 위문이 끝나고 문제는 곧 군영을 떠났다. 세류 군영을 나서자, 황제를 수행했던 관리들은 그제야 불쾌한 표정을 지으며 주아부의 무례함을 나무랐다. 하지만 문제는 오히려 그를 두둔하며 말했다.

"그야말로 진정한 장군이오. 이전에 방문했던 두 군영은 마치 병정놀이를 하는 것처럼 아무런 경계도 하지 않았소!"

한 달이 지나 변경의 대치 상태가 끝이 나고 각 진영은 모두 철수했다. 문제는 곧 주아부의 관직을 높여 수도의 치안을 맡겼다.

문제는 군영에서 주아부가 보여준 모습에 그의 인물됨을 정확히 판단하고 수도 치안이라는 중책을 맡겼다. 훗날 일어난 일을 보면, 문제의 판단이 매우 정확했음을 알 수 있다. 얼마 지나지 않아 주아부는 경제景帝 때 태위太尉로 임명되어 '팔왕의 난'을 평정했고, 그 공을 인정받아 승상의 자리에까지 올랐다.

사물의 변화에 순응하고, 실제 상황에 부합하는 지략을 구상하며, 이를 적절히 실현하는 것이야말로 만물의 사소한 것까지 인식한다고 할 수 있다.

귀곡자 · 저희抵巇

작은 것에서
큰 것을 보라

08

강함과 부드러움을 함께 갖추라

> "고성인지재천하야故聖人之在天下也, 자고급금自古及今, 기도일야其道一也,
> 변화무궁變化無窮, 각유소귀各有所歸, 혹음혹양或陰或陽, 혹유혹강或柔或剛,
> 혹개혹폐或開或閉, 혹이혹장或弛或張"
>
> 귀곡자 · 패합捭闔

천하에 성인의 역할은 언제나 같다. 사물은 무궁무진하게 변화하지만, 각기
돌아갈 곳이 있다. 혹자는 음에 속하고 혹자는 양에 속하며, 혹자는 부드럽고
나약하지만 혹자는 단단하고 강하다. 혹자는 개방적이지만 혹자는 폐쇄적이
며 혹자는 여유롭지만 또 혹자는 경직되었다.

단단함은 부드러움을 이기고, 강함은 약함을 누른다. 하지만 부드러움 역시
단단함을 제압할 수 있고, 약함도 강함을 무너뜨릴 수 있다. 그러므로 매사에
강함과 부드러움을 함께 갖추어야 한다.

인간됨을

배우거나 일을 할 때는 항상 강함과 부드러움을 함께 갖춰야 한다.
부드러움은 다정함과 높은 수양 그리고 이치에 정통함을 나타내며,
강함은 준엄함과 원칙을 고수함 그리고 힘을 가리킨다. 귀곡자의
제자 장의는 「패합」을 통해 부드러움과 강함, 긴장과 이완을 배웠

다. 나중에 장의는 합종을 깨려고 혼자 초나라에 건너갔다. 진나라를 위해 초 회왕을 설득하여 제나라와 맺은 동맹을 깨도록 하려는 것이었다. 그는 먼저 부드러운 방법을 쓰기로 하고, 미끼를 던졌다.

"만약 초나라가 제나라와 단교한다면, 우리 진나라는 초나라와 영원히 왕래하며 친분을 맺을 것입니다. 게다가 상우商于의 땅 600리도 모두 초나라의 것이 될 것이며 진나라의 미녀들을 보내 대왕의 시중을 들도록 할 것입니다."

'땅 600리와 미녀들' 이라는 말에 혹한 회왕의 귀에 대신들의 만류가 들어올 리 없었다.

"과인이 병사 하나 쓰지 않고 이렇게 편안히 앉아서 땅을 얻게 되었는데 왜 안 된다는 말이오!"

하지만 얼마 뒤, 초나라는 진나라와 제나라의 동맹군에게 크게 패해 10만 대군 가운데 살아남은 자가 겨우 2만 정도 밖에 되지 않게 되었다. 게다가 한나라와 위나라까지 초나라를 넘보고 있었다. 그리고 진나라가 초나라에 공격을 개시하려고 할 때, 장의가 또 다시 초 회왕을 어르기 시작했다.

"진나라는 천하의 삼분의 일을 가지고 있으며 그 병력 또한 막강합니다. 진나라 군이 한번 출병하면, 여러 제후국을 휩쓸어 버릴 것은 자명한 일입니다. 이런 때 제후들이 합종하는 것은, 양떼를 몰아 사나운 호랑이를 공격하는 것처럼 무모한 일입니다. 그런데 왜 대왕께서는 사나운 호랑이 편에 서지 않고 양떼에 동참하시는 겁니까? 진나라가 초나라를 공격하면 분명히 수륙전을 동시에 펼칠 것이고, 그렇게 되면 석 달 안에 도움을 손에 넣을 수 있습니다. 제후국들이 지원해 준다고 해도 그들이 초나라 땅에 도착하려면 최소한 여섯 달은 걸리니 가까운 불을 끄는 데는 아무런 도움이 되지 않습니다. 그런데도 초나라는 오로지 약소국의 도움만 바랄 뿐 진나라의 강대함이 얼마나 무서운지를 모르니 신은 그것이 염려스러울 따름입니다. 대왕께서 신의 말을 들으시려거든 진나라와 화친을 맺으십시오. 합종의 맹약을 깨고 초나라의 안녕을 바라셔야 합니다. 정 못 미더우시다면, 신이 진왕을 설득해 그 태자를 초나라의 인질로 삼게 하고 공주를 대왕께 시집보내도록 하겠습니다. 그러니 대왕께서도 태자를 진나라에 보내시어 그들과 형제의 동맹을 맺게 하십시오. 신은 그저 진왕의 진심을 전달하는 것이며, 모든 결정은 대왕께 달려 있습니다."

장의는 이렇게 초왕을 설득한 것처럼 연횡 정책을 설파할 때도 언제나 강함과 부드러움을 동시에 활용했다. 각 나라의 군주를 만날 때마다 먼저 강함으로 그들을 위협해 잔뜩 겁을 먹게 한 다음, 다시 태도를 바꾸어 살살 달랬다. 혹은 먼저 유인술誘引術로 꾀어내서 자신이 던진 미끼에 상대방이 눈이 멀면 다시금 공격을 가하기도 했다. 강함과 부드러움을 병행하는 것은 귀곡자의 「패합」 중에서 가장 중요한 책략이다. 이 책략을 훌륭하게 운용할 수 있다면 세상에 이기지 못할 일은 없다.

전국 시대에 연燕나라는 걸핏하면 제나라의 공격을 받았다. 훗날에 즉위한 연 소왕昭王은 '황금지대黃金之臺'를 만들어 인재를 모으고 복수를 준비했다. 하지만 아무것도 몰랐던 제나라의 민왕湣王은 연왕이 보낸 소진의 계략만 믿고서 송宋나라를 공격하는 등 여러 제후국을 위협했다. 그러자 연나라는 이 기회를 틈타 조나라, 한韓나라, 위나라와 손을 잡고 제나라를 공격했다. 마침내 제나라는 단 6개월 만에 거성莒城과 즉묵即墨을 제외한 7개 성 모두가 함락당하고 말았다. 이때 즉묵을 지키던 장수는 전단田單이라는 지략이 아주 뛰어난 인물이었다. 그는 병사들과 성 안의 백성들을 지휘하며 성을 굳게 지켰고, 이 때문에 연의 장수 악의樂毅는 3년이 넘도록 즉묵을 손에 넣고 못했다. 얼마 뒤 연 소왕이 세상을 떠나고 혜문왕惠文王이 즉위하자 전단은 '반간계反間計'를 쓰기 시작했다. 혜문왕을 부추겨 악의 대신 기겁騎劫이란 자를 총지휘관에 임명하도록 한 것이다. 전단은 이와 더불어 강함과 부드러움, 긴장과 이완의 계책을 함께 쓰기로 했다. 우선 그는 '부드러움'을 이용해 연나라 병사들이 경계심을 늦추도록 했다. 성 안의 늙은 병사에게 황금을 주어 기겁을 만나게 한 것이다. 이 병사는 기겁을 만나 이렇게 말했다.

"비축해 둔 식량은 이미 바닥을 드러냈고 병사들도 많이 줄어서 성 안에는 이미 늙은이와 부녀자들밖에 남아 있지 않습니다. 전단 역시 지금 투항을 준비하는 중입니다."

한편 전단은 몰래 소 천 마리를 준비했다. 그는 사람을 시켜 소의 몸통에 기괴한 그림을 그리고, 뿔에는 날카로운 칼을 묶어두었으며, 꼬리에는 기름을 묻힌 갈대를 매달았다. 그리고 날랜 장수 5천을 뽑아 배불리 먹인 다음에 조용히 명령을 기다리도록 했다. 한편, 제나라가 곧 투항할 것이라 생각한 연나라 병사들은 저절로 해이해질 수밖에 없었다.

그러던 어느 날 밤, 전단의 병사들은 몰래 성문을 열고 소의 꼬리에 묶어 놓은 갈대에 불을 붙였다. 그러자 뜨거움을 견디지 못한 소들이 무서운 기세로 성 밖으로 돌진했고, 한참 달게 자다가 괴이한 모습의 소떼를 본 연나라 병사들은 크게 놀라 이리저리로 급히 도망쳤다. 그리고 소떼의 뒤를 따른 날랜 제나라 장수 5천이 도망가는 연나라의 병사들을 마구 베어댔다. 결국, 연나라 병사들은 제대로 한번 싸워 보지도 못하고 참패하고 말았다. 이렇게 해서 전단은 제나라가 잃었던 성 7개를 단번에 되찾고 나라를 위기에서 구해냈다.

소의 꼬리에 불을 붙여 제나라를 구한 전단의 이야기는 강함과 부드러움을 겸한 전술의 전형이라 할 수 있다. 부드러움과 강함, 개방과 폐쇄, 긴장과 이완을 융통성 있게 운용하면 부드럽다가도 강해질 수 있으며, 긴장을 하다가도 경계심을 늦출 수 있고, 부드러움으로 강함을 이길 수 있으며, 편안함으로 수고로움을 제압할 수도 있다. 이처럼 강함과 부드러움을 적절하게 사용한 전단은 나라를 위기에서 구해낼 수 있었다.

그래서 천하에 성인의 역할은 언제나 같다. 사물은 무궁무진하게 변화하지만 각기 돌아갈 곳이 있다. 혹자는 음에 속하고 혹자는 양에 속하며, 혹자는 부드럽고 나약하지만 혹자는 단단하고 강하다. 혹자는 개방적이지만 혹자는 폐쇄적이며 혹자는 여유롭지만 또 혹자는 경직되었다.

귀곡자 · 패합

강함과
부드러움을 함께
갖추라

문제의 핵심을 장악하라

"시고성인일수사기문호是故聖人一守司其門戶, 심찰기소선후審察其所先後, 도권량능度權量能, 교기기교단장校其伎巧短長"

귀곡자 · 패합捭闔

성인은 언제나 사물이 변화하는 그 핵심을 파악할 수 있어야 하고, 상대방의 지혜와 능력을 꿰뚫어 보며, 그 기술의 장점과 단점을 비교할 수 있어야 한다.
갈등은 주요 갈등과 부차적 갈등으로 나눌 수 있다.
주요 갈등은 사물의 발전에 결정적인 역할을 하므로, 어떤 문제를 처리할 때는 반드시 주요한 갈등, 다시 말해 문제의 핵심을 정확하게 파악해야 한다.

자고로

현명한 자는 처세의 첫 번째로 '이익'을 추구하고 '해로움'은 피하는 것을 최고의 목표로 삼았다. 그들은 문제를 보고 일을 처리할 때 언제나 핵심을 움켜쥐고 사물의 중심 요소를 파악했다. 사물의 핵심을 파악할 수 있어야만 비로소 올바른 해결책을 제시할 수 있기 때문이다. 귀곡자는 무슨 일을 하든지 항상 그것의 핵심을 꿰뚫어 보아야 한다고 했다. 성인들은 보통 사람들과는 달리 사물을 겉모습으로만 국한해 보지 않고 그 내부까지 파고들었으며, 사물의 핵심을 파악하고 그 중심을 움켜쥐었다. 이렇게 대상의 본질을 철저히 드러냄으로써 앞으로 일어날 일까지도 예견했던 것이다. 탁월한 통찰력을 갖춘 성인들은 사물의 내부적, 외부적 요소와 인과 관계의 변환을 정확하게 파악하고, 객관적인 대응 방법을 내놓을 수 있었다.

귀곡자의 수제자 장의가 여러 차례 초 회왕을 속일 수 있었던 것 역시 각 인물들의 배후에 있는 이해관계를 정확하게 알았기 때문이다. 그의 목적은 오직 하나뿐이었다. 바로, 초 회왕을 속여 합종을 포기하게 해서 진나라를 더욱 강하게 만드는 것! 처음에 진왕이 어떻게 하면 합종의 연맹을 깰 수 있겠느냐고 묻자 장의는 이렇게 대답했다.

"위나라는 진나라와 가장 가깝고 연나라는 가장 멀리 떨어져 있으니 먼저 이 두 나라에 손을 쓰십시오. 과거 진나라는 위나라의 양릉襄陵을 비롯해 성 7개를 점령했습니다. 지금 그 땅을 아무런 조건 없이 돌려주면, 위왕은 분명히 대왕의 은혜에 감격할 것입니다. 아울러 따님을 연나라 태자에게 시집보내시면 연나라와도 동맹을 맺을 수 있습니다. 이렇게 해서 두 나라와 좋은 관계를 유지할 수만 있다면, 진나라는 자연히 고립에서 벗어나 훗날을 도모하는 데 큰 도움이 될 것입니다."

그리고 장의는 즉시 위나라와 연나라에 사람을 보내어 자신이 진왕에게 말했던 내용을 전했다. 그러자 눈앞의 이익에 혹한 두 나라의 왕은 과연 장의의 말대로 진나라와 화친을 맺으려 했다. 이렇게 해서 소진이 만든 합종의 동맹은 서서히 분열되기 시작한다. 장의는 6개국의 동맹을 무너뜨릴 수 있는 일종의 '돌파구'를 정확히 찾아냈다. 그래서 그는 진나라와 가장 가까운 곳에 있는 위나라와 가장 먼 연나라에 먼저 손을 씀으로써 순조롭게 6개국의 동맹을 분열시킬 수 있었다. 이 이야기를 통해 우리는 동기를 먼저 정확하게 파악한 뒤에 목표를 정하고 일을 추진하면 문제의 핵심을 정확하게 짚을 수 있다는 사실을 알 수 있다. 또, 귀곡자는 이 밖에도 '지추持樞'를 강조했다. 여기에서 '지持'란 움켜쥐는 것을 뜻하며, '추樞'는 사물과 사건의 핵심을 말한다. 다시 말해서 '지추'란, 사물의 핵심을 파악하고 그 발전 규칙을 따르며 그 속에서 결정적인 역할을 하는 중심 부분을 움켜쥠으로써 정확한 판단을 내리는 것을 의미한다. 반대로 이것저것 가리지 않고 한데 얼버무리다 보면, 일의 효율을 기대할 수 없을 뿐 아니라 오히려 더 망쳐버릴 수 있다는 사실을 명심하라.

역사에서 배우기

조비曹조가 황제를 자처한 지 얼마 지나지 않아 유비가 세상을 떠났다. 그러자 조비는 이 기회를 이용해 오로대군五路大軍을 일으켜 촉을 정벌하고 통일의 대업을 이루려 했다. 여기에서 말하는 오로대군은 이렇게 이뤄진다. 우선, 요서遼西의 강병羌兵 10만이 먼저 한로旱路에서 서평관西平關을 취하는 것이 1로이고, 2로는 남만왕南蠻王 맹획孟獲이 일으킨 10만 병사로써 익주益州와 영창永昌 등을 공격한다. 3로는 손권의 10만 대군이 양천兩川 협구峽口를 공격해 부성涪城을 손에 넣기로 했고, 4로는 투항한 장수 맹달孟達의 10만 병사가 서쪽의 한중漢中을 공격하기로 했다. 마지막 5로는 조진曹眞이 이끄는 10만 병력이 양평관陽平關을 공격하기로 했다. 이렇게 무려 50만이나 되는 대군이 촉으로 통하는 길목을 모두 에워쌌다는 소식이 들려오자 촉나라 백성은 모두 공포에 떨었다. 하지만 이렇게 위급한 상황에도 제갈량은 병을 핑계 삼아 조정에도 나오지 않고, 일절 대문 밖에 나오지 않았다. 다른 신하들은 자연히 애가 탈 수밖에 없었다. 상황이 급해지자 후주 유선劉禪이 제갈량을 찾아갔다. 그런데 제갈량은 한가롭게 호숫가에 앉아 망중한을 즐기는 게 아닌가? 제갈량은 겉으로는 한가롭게 보였지만, 사실 속으로는 적들을 물러가게 할 방도를 궁리하던 중이었다. 그는 안달이 난 후주를 태연한 표정으로 달래며 말했다.

"폐하, 걱정하지 마십시오. 4로의 병사들은 이미 물러가도록 해 놓았고, 이제 남은 것은 동오東吳의 1로뿐입니다. 신은 지금 누구를 보내 그들을 후퇴하게 할 것인지 생각하고 있습니다."

유선은 그의 말을 듣고야 겨우 마음을 놓을 수 있었다. 사실 제갈량은 자신의 계획이 새어나가지 않게 하려고 일부러 대신들을 속이면서 남몰래 병사들을 보내 각 길목에서 적군들을 위협한 것이었다. 그렇다면 과연 어떤 방법으로 적들을 퇴각하게 만들었을까? 서천西川을 지키던 촉의 장수 마초馬超는 강병들에게 가장 명망이 알려진 인물로, '신위천장군神威天將軍'이라 불리기도 했다. 그래서 제갈량은 마초에게 서평관을 지키게 했다. 과연 마초를 본 강병들은 지레 겁을 먹고 발길을 돌리고 말았으니, 이

것이 바로 제1로의 퇴각이다. 한편, 용맹한 남만왕 맹획은 의심이 많다는 것이 단점이었다. 그래서 제갈량은 장수 위연魏延에게 군마를 주어 '좌로 들어가고 우로 나오며, 우로 들어가 좌로 나오는 교란 작전을 쓰도록 했다. 맹획은 촉나라 병사들이 사방에서 출현하는 모습을 보고는 주력 부대가 왔다고 판단하고서 병사들을 퇴각하게 하니, 이것은 제2로의 후퇴이다. 한편, 촉나라를 배신한 장수 맹달은 평소 이엄李嚴과 돈독한 관계였다. 이 사실을 잘 알았던 제갈량은 직접 이엄에게 편지를 써서 맹달을 설득하게 했다. 이렇게 해서 이엄의 편지를 받은 맹달은 갑자기 병이 났다는 핑계를 대며 병사들을 되돌렸다. 이것은 제4로의 퇴각이다. 또한, 지형이 험한 양평관은 장수 하나가 지켜도 능히 병사 만 명을 이겨낼 수 있을 정도로 견고했다. 그래서 제갈량은 조운趙雲을 보내 성을 지키게 하고, 절대 싸움에 응하지 않도록 했다. 아무리 도발을 해도 조운이 맞서지 않자 조진 역시 군사들을 물릴 수밖에 없었다. 이것은 제5로의 퇴각이다. 마지막으로, 아직 퇴각을 하지 않은 제3로는 바로 동오의 군대였다. 제갈량은 훗날에 등지鄧芝를 사자로 보내 손권을 설득하게 했다. 등지는 손권을 만난 자리에서 오나라가 위, 촉과 동맹 관계를 맺을 때 각각 어떤 이해득실이 생기는지 조목조목 따져 설명했다. 마침 다른 네 곳의 병사들이 모두 후퇴한 데다 등지의 말에 귀가 솔깃한 손권 역시 병사들을 물릴 수밖에 없었다. 이리하여 기세등등하던 조비의 오로대군은 제갈량의 계책으로 너무 쉽게 흔적도 없이 사라지고 말았다.

오로대군이 압박해 오는 상황에서도 제갈량이 그들을 쉽게 물리칠 수 있었던 것은, 바로 적과 나를 잘 알고 상대방의 핵심을 꿰뚫어 보았기 때문이다. 남만왕 맹획은 의심이 많았고, 강병들은 마초를 존경하며, 동오는 전쟁에서 우유부단한 입장을 취했다. 또, 배신자 맹달 역시 자신의 행동에 갈피를 잡지 못했고, 조비는 험준한 지세 때문에 제대로 싸울 기회조차 얻지 못했다. 오로의 병사들을 완벽하게 물리친 제갈량의 이야기는 우리에게 무슨 일이든 그 핵심을 찾아낼 수만 있다면 문제는 의외로 쉽게 해결된다는 사실을 알려준다.

그러므로 성인이 어떤 일을 도모할 때는, 항상 먼저 정보를 파악하고 만물을 제어한 다음에 도덕과 인의, 예악과 충신 그리고 지략 등의 여러 규범을 함께 사용한다.

귀곡자 · 내건內乾

나쁜 일은
미리 대비하라

"희자^{巇者}, 하야^{罅也}. 하자^{罅者}, 간야^{澗也}, 간자^{澗者}, 성대 극야^{成大隙也}."

귀곡자 · 저희^{抵巇}

이른바 '희^巇'라 하는 것은 큰 틈새를 뜻하며, 큰 틈새는 바로 작은 틈새와 같은 것이니, 작은 틈새는 결국 큰 틈새로 커지기 때문이다.

그렇듯이 우리는 항상 작은 일을 무시해 더 큰 문제를 일으키기도 한다. 하지만 큰 사고가 벌어지기 전에 그 근본 원인을 미리 알고 이를 없앨 수 있다면, 화를 미연에 막을 수 있고 상황을 호전시킬 수 있다.

'방미두점^{防微杜漸}'이란

말은 두 가지 뜻으로 해석할 수 있다. 첫째는 작은 것을 소홀히 하지 않는 것, 둘째는 사물의 점진적인 변화를 철저하게 막는 것을 뜻한다. 여기에서 '미^微'는 사소함, 다시 말하면 바늘구멍만큼 작은 것을 가리키는데, 대개 아무런 주의도 끌지 못한다. 하지만 때로는 바늘구멍도 위협적일 수 있다. 한편, '점^漸'은 느림을 뜻하는데, 일반적으로 양적인 것에서 질적인 것으로 변하는 과정을 의미한다. 이

72

나쁜 일은
미리 대비하라

"희자巇者, 하야罅也. 하자罅者, 간야澗也, 간자澗者, 성대 극야成大隙也."

귀곡자 · 저희抵巇

이른바 '희巇'라 하는 것은 큰 틈새를 뜻하며, 큰 틈새는 바로 작은 틈새와 같은 것이니, 작은 틈새는 결국 큰 틈새로 커지기 때문이다.

그렇듯이 우리는 항상 작은 일을 무시해 더 큰 문제를 일으키기도 한다. 하지만 큰 사고가 벌어지기 전에 그 근본 원인을 미리 알고 이를 없앨 수 있다면, 화를 미연에 막을 수 있고 상황을 호전시킬 수 있다.

'방미두점防微杜漸'이란 말은 두 가지 뜻으로 해석할 수 있다. 첫째는 작은 것을 소홀히 하지 않는 것, 둘째는 사물의 점진적인 변화를 철저하게 막는 것을 뜻한다. 여기에서 '미微'는 사소함, 다시 말하면 바늘구멍만큼 작은 것을 가리키는데, 대개 아무런 주의도 끌지 못한다. 하지만 때로는 바늘구멍도 위협적일 수 있다. 한편, '점漸'은 느림을 뜻하는데, 일반적으로 양적인 것에서 질적인 것으로 변하는 과정을 의미한다. 이

72

런 변화 과정은 대개 느리게 진행되므로 쉽게 알아챌 수가 없다. 하지만 일단 일정한 정도에 도달하기만 하면, 그때는 이를 만회하려 해도 이미 늦어 버리게 된다. 귀곡자는 이러한 작은 틈새가 큰 문제를 일으킬 수 있다고 생각했다. 실제로, 어떤 일에서 작은 문제가 나타났을 때 곧바로 이를 해결하지 않으면, 결국은 일이 걷잡을 수 없는 사태로 커지고 만다.

동한東漢 화제和帝 시절에 두태후竇太后가 정권을 잡자 두헌竇憲 형제는 이를 등에 업고 온갖 나쁜 짓을 일삼고 다녔다. 관리들은 이들에게 잘 보이려 아첨하거나, 아니면 그 행동에 개탄하면서도 아무 말 하지 못하는 두 부류가 대부분이었다. 하지만 정홍丁鴻이라는 관리는 달랐다. 그는 하늘에 일식이 나타나자 이를 기회 삼아 황제에게 상소를 올렸다.

"모름지기 해는 군주요, 달은 신하라고 합니다. 그런데 일식이 나타난 것은 신하가 임금의 권력을 찬탈하고 있음을 알려주는 것입니다. 지금 두씨 형제의 권세가 하늘을 찌를 듯합니다. 만약 황상께서 악의 씨앗인 이들을 직접 처리하신다면, 훗날 화의 근원을 없앨 수 있을 것이며 상서로운 일들이 계속해서 나타날 것입니다."

이것이 바로 '방미두점' 의 유래라고도 할 수 있다. 이것은 잘못이나 나쁜 조짐이 막 나타나기 시작했을 때 그것을 철저하게 막는 것을 뜻한다. 옛말에 "작은 구멍을 그대로 내버려 두면 큰 구멍이 된다"고 했다. 어떤 일이든 처음의 작은 잘못을 고치는 것이 중요하다는 말이다. 만약 잠재적인 문제나 평소에 취약한 부분을 무시한 채 이를 고치려고 하지 않으면, 더 큰 화를 피할 수 없다. 다시 말해서,

호미로 막을 것을 가래로 막아야 한다는 것이다. 성공은 성실함에 기인한다. 실패하는 것은 요행을 바라기 때문이다. 언제나 나쁜 일에 미리 대비하고, 책임감과 성실함으로 일의 작은 부분도 놓치지 않으면, 좋은 결과를 얻을 수 있다. "무슨 일이든 사소한 문제까지 볼 수 있는 사람은 커다란 지혜를 지니고 있는 것이다."라는 말이 있다. 일상생활에서 이런 사소한 것을 알아채는 사람은 그에 따른 적절한 반응을 할 수 있고, 덕분에 근본적으로 나쁜 일을 막을 수 있다는 것이다. 이것이야말로 바로 이들을 다른 사람과 구분 짓은 큰 능력이라 할 수 있겠다. '방미두점'이 우리에게 요구하는 것은 바로 어떤 일에든 안전의식을 갖추라는 것이다. 이러한 의식이 있는 사람은 민감한 관찰력과 정확한 판단력으로 정말 '사소한 것'과 반드시 뿌리 뽑아야 할 '화의 근원'을 정확하게 구분 지을 수 있으며, 적절한 조치를 취할 수 있다. 이렇게 해야만 작은 바늘구멍으로 제방까지 무너져버리는 일을 막을 수 있다.

역사에서 배우기

타이타닉 호의 침몰 원인은 저마다 그 분석이 다양하다. 그중에 미국 표준기술연구원NIST의 과학자들이 내놓은 견해가 눈길을 끄는데, 그들의 주장은 좀처럼 믿기 힘들 정도로 독특하다. 타이타닉 호의 침몰은 바로 선체의 각 부분에 고정된 리벳의 결함 때문이라고 지적한 것이다. 이 리

벳은 슬래그(slag, 광석이 용해될 때 생성되는 찌꺼기-역주)가 섞인 불량금속으로 만들어졌다고 한다. 또, 미국 표준기술연구원의 야금학 전문가 티모시 포케 박사는, 정상적인 상황이라면 타이타닉 호가 빙산에 부딪혔다 할지라도 12시간 정도는 충분히 물 위에 떠 있을 수 있다고 말했다. 심각한 사고가 아니었다면 그러고 나서도 배는 충분히 항구로 돌아올 수도 있었을 것이라 덧붙였다. 하지만 현미경과 영상 분석기를 이용해 배의 잔해를 조사해 보니, 리벳을 제조하는 데 사용한 철강에 많은 불순물이 섞여 있었다는 사실이 밝혀졌다. 그중에 슬래그 함유량이 기준의 2배가 넘었다고 한다. 야금학 이론에 따르면, 불순물이 함량을 초과할 정도로 섞인 재질을 사용하면 작은 충격에도 리벳이 쉽게 파손될 수 있다고 한다. 포케 박사는 또, 수밀격실(水密隔室, 한 격실에 물이 차면 수밀문을 닫아 인접 격실에 물이 들어오지 못하게 하는 구조-역주) 6개 가운데 단 한 개만이라도 물이 차지 않았다면 적어도 구조선이 올 때까지 시간을 벌 수 있었으며, 만약 두 개가 완벽하게 보존되었다면 배는 항구까지 무사히 돌아올 수 있었을 것이라 단언했다. 하지만 믿을 수 없게도 수밀격실 6개에 모두 물이 들어찼고, 결국 배는 2시간 만에 바다 아래로 가라앉고 말았다. 1996년 초에 프랑스 잠수부들이 타이타닉 호의 파선에서 크고 작은 파손 부위를 여섯 군데 발견했는데, 이 모두는 리벳으로 고정되었어야 할 철판의 이음새 부분이었다. 이 잠수부들의 사소한 발견이 과학자의 연구를 거쳐 결국 타이타닉 호의 침몰 원인을 밝히는 데 큰 역할을 한 것이다. 그 밖에도 이들의 주장을 뒷받침해 주는 목격자의 증언이 있다. 끔찍한 재난에서 목숨을 건진 한 목격자는 배가 침몰할 당시에 각 연결 부위에서 물이 새어 나오는 모습을 똑똑히 보았다고 증언했다.

타이타닉 호라는 호화 유람선은 결국, 리벳이라는 작은 부품의 결함 때문에 침몰하고 말았다. 일상생활에서도 아주 사소한 잘못이 큰 비극으로 커지는 경우는 너무나도 많다. 또한, 사람을 사귀는 데서도 사소한 농담이나 행동으로 좋던 관계가 한순간에 깨져 버리거나 혹은 갈등을 해결하는 데 큰 도움이 되기도 한다.

천하에 분란이 일어나는 것은 지상에 명군明君이 없기 때문이요, 신하들이 어질지 못하고 덕이 없기 때문이다. 그래서 소인배들이 현자들을 헐뜯고, 현자들은 중용을 받지 못하며, 성인들은 난세에서 도망치게 되는 것이다. 이익을 탐하는 사악한 무리들이 흥성해 세상을 어지럽히며 군신들이 서로 속이면, 천하는 붕괴되고 서로 공격하게 되며 부자가 서로 헤어지고 반목하게 된다.

귀곡자 · 회하

나쁜 일은
미리 대비하라

지피지기면 백전불태라

"개견기권형경중皆見其權衡輕重, 내위지도수乃爲之度數,
성인인이위지려聖人因而爲之慮, 기불중권형도수其不中權衡度數,
성인인이자위지려聖人因而自爲之慮"

귀곡자 · 패합捭闔

이 모든 것은 상대방의 실력과 계략을 모두 드러나게 해 각 분야에서 양과 질적인 면을 알아내기 위함이다. 그러고자 마음을 썼는데도 상대방의 의중을 알아내지 못하면, 성인은 이 때문에 자책하기도 했다.
"지피지기면 백전불태" 라 했다. 어떤 일을 쉽게 처리하고 싶거나 성공을 거두고 싶다면, 반드시 예민한 관찰력을 가져야 한다.

『손자병법』에서는

"지피지기면 백전불태" 라고 했다. 사람과 사귀는 것도 이와 마찬가지이다. 오로지 자신의 능력과 성격, 좋고 싫음만 아는 사람은 다른 사람과 올바르게 교류할 수가 없다. 귀곡자는, 다른 사람이 좋은 계획을 가지고 있으면 그 계획이 완성될 수 있도록 도움을 주어야 하며, 그렇지 않다면 역으로 그것을 이용하라고 했다. 상대방의 의지와 계획을 알고 난 다음에는, 그것이 나에게 유리한지 아니면 나의 이익에 위배되는지를 판단해야 한다. 만약 그것이 나에게 도움이 된다면 상대방에게 적절히 도움을 주어 그 계획을 완성하도록 해야 하며, 그렇지 않다면 상대방이 계획을 바꾸도록 유도해 그것이 나에게 유리해지도록 바꾸어야 한다. 그러기 위해 가장 중요한 것은 바로 적을 알고 나를 아는 것이다. 상대방을 먼저 파악하고 그에 맞는 방법으로 접근한다면 일은 언제나 생각보다 쉽게 해낼 수 있기 마련이다. 지혜로운 옛 사람들은 때와 상황에 맞게 적절한 전략을 구사할 줄 알았다. 다시 말해, 상대방에 따라 각기 다른 표현 방식을 사용해서 대립이나 갈등을 피하고 모든 상황이 자신에게 유리해지도록 만들었던 것이다. 하지만 우둔한 사람에게 바람을 보고 배를 젓는 임기응변을 기대할 수는 없다. 그들은 상대방이 어떤 사람이든 간에 자신의 속마음을 그대로 드러내고 만다. 그래서 항상 일이 자신들의 의도와는 반대로 흘러가 버리는 것이다. 예를 들어, 아무 생각 없이 내뱉은 말이 많은 사람의 심기를 불편하게 하기도 하고, 이 때문에 구설에 휘말리거나 때로는 생각지도 못한 나쁜 결과를 초래하기도 한다.

역사에서 이와 관련된 예를 찾아보자. 무측천武則天을 황후로 책봉하려던 당 고종 이치李治는 장손무기長孫無忌와 저수량褚遂良 등 원로대신들의 반대에 부딪히게 된다. 그래서 이치는 어느 날, 대신들을 모아 놓고 다시 한 번 이 일을 의논하려 했다. 그러자 저수량이 말했다.

"오늘 황상께서 우리를 부르신 까닭은 분명 황후 책봉 문제를 의

78

논하고자 함일 것입니다. 황상께서는 이미 마음을 정하신 것 같으니 만약 반대를 고집한다면 죽음을 면하기 어려울 테지요. 하지만 선황께서 우리에게 폐하를 잘 보필하라고 당부하지 않으셨습니까? 그런데 죽음이 두려워 옳은 말을 하지 않는다면, 장차 무슨 낯으로 선황을 뵙겠습니까?"

장손무기, 저수량과 마찬가지로 고명대신(顧命大臣, 임금의 유언으로 나라의 뒷일을 부탁받은 대신-역주) 중에 한 명이었던 이세李世는 황제의 입궁 명령에 심상치 않은 기운을 감지했다. 그래서 그는 병을 핑계로 입궁을 미루고 화를 피하고자 했다. 그러나 공개적으로 황후의 책봉을 반대한 저수량은 그 자리에서 무측천에게 호된 질책을 당해야 했다. 이틀 후에 이세가 혼자 황제를 찾아갔다. 그러자 황제 이치가 말했다.

"나는 무측천을 황후로 책봉하려 하오. 하지만 저수량이 극구 반대를 하고 나서니…. 고명대신인 그대가 극구 반대한다면 이 일은 없던 일로 할 수밖에 없소."

이세는 황제의 뜻을 거스를 수 없다는 사실을 잘 알고 있었지만, 또 그렇다고 공개적으로 황제의 뜻을 따르자니 다른 대신들의 질책이 겁나는 것도 사실이었다. 이때 이세는 순간적으로 기지를 발휘했다.

"이 일은 폐하의 집안 일이온데, 어찌 다른 사람에게 물으려 하십니까?"

이러한 이세의 대답은 황제의 뜻을 따르면서도 한편으로는 다른 대신들의 질책을 피해갈 수도 있는 것이었다. 그의 말에 용기를 얻은 황제는 결국 무측천을 황후로 책봉했다. 이리하여 훗날에 장손무기와 저수량 등 무측천의 책봉을 반대했던 인사들은 이 일로 황후에게 박해를 받았지만, 이세만은 승승장구할 수 있었다.

지피지기면 백전불태라. 우리는 인생을 살면서 항상 객관적으로 자신을 살피고 반성하며, 더욱 완벽해지고자 노력해야 한다. 아울러 낙관적이고 자신감으로 충만하며 평화로운 태도와 예민한 안목으로 주변의 사람들과 사물을 관찰해야 한다. 그렇게만 할 수 있다면 어떤 일에서든 성공할 수 있을 것이다.

역사에서 배우기

제갈량의 거침없던 북벌도 가정街亭을 잃은 뒤에는 교착 상태에 빠지고 말았다. 위나라 장수 사마의司馬懿는 이 기회를 이용해 15만 대군을 이끌고 와 제갈량이 머물던 서성봉西城蜂을 공격했다. 당시 제갈량의 곁에는 장수가 단 한 명도 없었다. 오로지 문관들만 남아 성을 지켰고, 그가 이끌던 병사 오천 명도 그중에 절반은 식량 수송에 동원되어 성 안에는 나머지 절반만이 남아 있을 뿐이었다. 이러한 상황에서 사마의가 이끄는 위나라 대군이 몰려온다는 소식에 백성들은 모두 겁에 질렸다. 그때 망루에 올라 먼 곳을 바라보던 제갈량이 사람들에게 말했다.

"모두 섣불리 겁먹지 마시오. 내게 이미 사마의를 물리칠 계책이 있소."

말을 마친 제갈량은 곧 성 안의 깃발들을 모두 감추게 하고, 병사들에게 명령을 내려 움직이지 말고 자리를 지키도록 했다. 만약 누구라도 자리에서 움직이거나 큰 소리를 내면 바로 참수형에 처하도록 했다. 그리고 성문 네 곳을 모두 열어 백성처럼 변장한 병사 20명을 내보내고는 평온한 분위기에서 비질을 하게 했다. 이렇게 해서 준비를 마친 제갈량은 학의 깃털로 장식한 옷을 입고 윤건을 두른 다음, 망루 위에서 시동 둘을 대동한 채 태연하게 거문고를 뜯기 시작했다. 한편, 막 성 아래에 당도한 사마의의 선봉대는 함부로 공격을 하지도 못한 채 서둘러 사마의에게 달려와 자기가 본 사실을 보고했다. 그러자 사마의는 믿을 수 없다는 듯이 말했다.

"어찌 그럴 수 있단 말이냐?"

그는 즉시 세 갈래로 달려온 군대의 진격을 잠시 멈추게 하고, 직접 말에 올라타 성 아래로 달려갔다. 이윽고 성에서 그리 멀지 않은 곳에 당도한 사마의는 정말 부하의 말처럼 태연자약하게 거문고를 뜯는 제갈량의 모습을 확인할 수 있었다. 그의 오른쪽에 서 있는 시동은 보검을 들고 왼쪽의 시동은 총채를 들었으며, 성문은 활짝 열어놓은 채 한 무리의 백성들이 아무 일 없다는 듯 평온하게 비질을 하고 있었다. 이 광경을 본 사마의는 마음 한 구석에 의심이 일기 시작했다. 얼마 후에 군영으로 돌아온 그는 전군에 철수를 명령했다. 그러자 둘째 아들 사마소司馬昭가 이의를 제기했다.

"아버님, 이는 제갈량이 술수를 쓰는 것일지도 모르는데, 어찌하여 바로 후퇴를 명령하시는 것이옵니까?"

그러자 사마의가 대꾸했다.

"제갈량은 아주 신중한 사람이라 모험을 하지 않지. 그런 그가 성문을 활짝 열어 놓았다는 것은, 분명히 그 안에 매복을 해 두었기 때문이다. 그런데 우리 군사의 위용만 믿고서 무턱대고 성 안으로 진군하면, 꼼짝없이 그의 계책에 걸려들고 말 것이 아니냐!"

결국 사마의는 눈앞에 마지막 목표를 두고도 15만 대군을 철수시켜 버렸다. 한편, 위나라 군대가 후퇴하는 모습을 본 촉나라 관리들은 영문을 모르겠다는 듯 제갈량에게 물었다.

"사마의는 위나라의 명장인데, 왜 저리도 급히 15만 대군을 물리는 것입니까?"

그러자 제갈량이 대답했다.

"그는 내가 평소에 아주 신중하게 행동하고 모험을 좋아하지 않는 성격이란 것을 이미 잘 알고 있소. 그래서 성문을 활짝 열어 둔 것을 보고는 분명히 매복이 있을 것이라고 생각한 게지. 하지만 이번 일은 내가 모험을 한 것이 아니오. 이것 말고는 다른 길이 없었기에 그리 한 것이지."

제갈량의 계책이 성공할 수 있었던 것은, 그 대담함 때문이 아니라 상대방을 정확하게 파악하고 그에 맞는 전략을 썼기 때문이다. 만약 그 대상이 신중한 사마의가 아니라 허저許褚나 우금于禁 같은 맹장이었다면, 제갈량은 아마도 절대로 공성계空城計를 쓰지 않았을 것이다. 이것이야말로 손자병법에서 말하는 "지피지기면 백전불태"이다.

개방이란 드러냄이다. 다시 말해, 상대방과 나의 생각이 같다면 의중을 드러내도 좋다. 그러나 그와 나의 뜻이 다르다면, 나의 의중을 숨기는 폐쇄의 방법을 써야 한다. 자신이 현재 무엇을 실행할 수 있고 또 무엇이 그렇지 않은지를 구분해야 하며, 상대방의 지략을 확실하게 연구해야 한다. 지략에는 자신의 뜻에 맞지 않는 것이 있고 또는 들어맞는 것이 있으니, 반드시 자신만의 주관을 가지고 각각의 상황에 따라 알맞게 대해야 한다. 하지만 이때에도 결코 상대방의 뜻을 억지로 거슬러서는 안 된다.

귀곡자 · 패합

지피지기면
백전불태라

12

매사에 치밀하게

"즉욕패지귀주卽欲捭之貴周, 즉욕합지귀밀卽欲闔之貴密.
주밀지귀미이여도상추周密之貴微而與道相追."

귀곡자·패합捭闔

개방을 원할 때 가장 중시해야 할 것이 바로 치밀함이다. 또한, 폐쇄에서 가장 중요한 것은 기밀을 지키는 것이다. 우리는 이를 통해 치밀함과 기밀 엄수의 중요성을 알 수 있으며, 앞으로 반드시 신중하게 이 규율들을 지켜 나가야 할 것이다.

일이란 치밀하면 성공할 수 있고, 말이 새어나가면 실패할 수밖에 없다. 사람이 가장 하기 힘든 것이 바로 비밀을 지키는 것이다. 큰 비밀일수록 속에 담아 놓을 수 없는 법이다. 그러나 일을 할 때는 이것이 바로 가장 금기해야 할 행동이다.

언제나

치밀한 계획과 준비 없이 감정에 따라 처리하게 되면 성공을 얻기 힘들다. 일을 할 때는 아무리 치밀해도 지나침이 없는 법이다. 현명한 사람은 어떤 일을 하든지 먼저 계획을 짜고 이를 남몰래 시행해 그 계획이 밖으로 새어 나가지 않도록 한다. 귀곡자는 "개방을 원할 때 가장 중시해야 할 것이 바로 치밀함이다. 또한, 폐쇄에서 가장 중요한 것은 기밀을 지키는 것이다"라고 했다. 그는 패합술에서 은밀함은 필수적인 것이라 여겼다. 그리고 계획은 반드시 치밀하게 짜야만 하며, 겉으로는 아무 일 없는 듯 어떠한 흔적도 드러내지 않아야만 비로소 음양의 도가 완벽하게 합쳐질 수 있다.

　진秦나라가 멸망한 뒤에 항우項羽와 유방의 '초한쟁패楚漢爭霸'가 그 막을 열게 되었는데, 항우와 유방은 반진反秦 전쟁을 벌일 당시 둘 중에 먼저 함양을 공격하는 자가 왕이 되기로 약속한 바 있었다. 그리하여 기원전 207년에 유방이 먼저 함양을 공격했지만, 그는 세력이 강한 항우에게 겁을 먹어 겨우 진의 창고만 걸어 잠가 놓은 채 파상灞上으로 후퇴했다. 한편, 함양에 입성한 항우는 아방궁을 불태우고, 자신을 '서초패왕'이라 칭하며 유방을 한왕漢王으로 봉했다. 그는 또 장한章邯, 사마흔司馬欣, 동예董翳를 각각 옹왕雍王과 새왕塞王, 적왕翟王으로 봉하고, 이들에게 관중關中을 맡아 통치하면서 유방을 견제하게 했다. 한편, 유방은 한중漢中 땅으로 들어오면서 모사 장량張良의 의견을 받아들여 잔도棧道를 불살라 버렸다. 잔도는 관중에서 진령秦嶺을 넘어 남쪽으로 한중과 파촉巴蜀 땅으로 이어지는 고대 교통의 요지로, 진령고도秦嶺故道와 포사도褒斜道, 그리고 연운잔도連雲棧道로 구성되었다. 전체 길이는 250㎞나 되며 낭떠러지와 늪지대가 대부분이었다. 진창陳倉은 위하渭河 북쪽 기슭에 있는 오래된 나루터이고, 잔도는 관중의 출구인 사곡관斜谷關에서 대략 70㎞ 정도 떨어져 있었다. 나중에, 기원전 206년에는 유방의 수하였던 장수 한신韓信이 그 유명한 '명수잔도明修棧道, 암도진창暗渡陳倉'

이라는 계책을 썼다. 한신은 먼저 번쾌樊噲와 주발周勃에게 병사 1만을 주어 유방이 한중으로 들어올 때 불태운 잔도를 수리하게 하고, 자신은 사곡관을 공격할 태세를 갖추었다. 한편, 이 소식을 들은 장한은 사곡관의 방어를 한층 더 강화했다. 하지만 한신은 대군을 이끌고 서쪽의 면현勉縣으로 갔다가 북쪽으로 방향을 바꿔서 재빠르게 진창으로 진격해 들어가 적의 허점을 찔렀다. 그제야 장한이 서둘러 진창성으로 달려 나가 한신과 맞서 싸웠지만, 때마침 잔도를 수리하던 번쾌와 주발까지 사곡을 빠져나와 한신에게 힘을 더했다. 결국 싸움에서 진 장한은 자결했고, 사마흔과 동예 역시 유방에게 차례로 항복하고 말았다. 이때부터 관중은 유방이 항우를 물리치고 천하를 통일하는 데 아주 중요한 근거지 역할을 하게 되었다. 매사에 치밀해 일이 조금도 밖으로 새어나가지 않도록 했던 유방은 또, 조심스럽게 한중을 차지하려는 계획을 세우기 시작했다. 그리고 항우가 이 사실을 알게 되었을 때는, 이미 관중과 한중이 모두 유방의 손에 들어간 뒤였다.

여기에서 설명한 '명수잔도, 암도진창'의 이야기는, 모든 일을 은밀하게 진행할 뿐만 아니라 일부러 함정을 만들고 상대방을 미혹시켜 자신의 계획이 쉽게 드러나지 않도록 해야 한다는 점을 강조한다. 이렇게 모든 일을 치밀하게 처리하기만 한다면 성공하지 않는 것이 오히려 이상할 정도 아니겠는가? 귀곡자는 판단을 내릴 기준은 자신의 경험과 계획에 따라 먼저 결정해야 한다고 했다. 그리고 이와 함께 "먼저 신중하게 책략을 세운 다음에 무리를 이끌고, 이 책략이 새어 나가지 않게 해서 상대방이 그것을 전혀 알아채지 못하도록 만드는 것, 그것이야말로 신의 경지에 가까운 기술이다"
라고 했다.

현대 사회에서는 나날이 경쟁이 치열해져만 간다. 크게는 국가 간의 경쟁, 작게는 개인 간의 분쟁에서 모두 우위를 점하고 싶다면, 남몰래 계획을 세우고 이를 은밀하게 진행하는 치밀함이 필요하다.

역사에서 배우기

적벽대전이 일어나기 전에, 손권孫權과 유비의 연합군은 조조의 군대에 화공법火攻法을 쓰기로 했다. 하지만 꼭 필요한 동남풍이 불지 않아 걱정하던 주유周瑜는 그만 앓아눕고 말았다. 그러나 하늘을 살펴본 제갈량은 곧 동남풍이 불 것을 확신하고 주유에게 처방을 내려 주었다. 화공이야말로 조조를 무너뜨리기에 가장 적합한 방법이었고, 이제 화공을 실행할 모든 준비를 다 갖추었는데, 다만 모자란 것은 동남풍뿐! 반신반의하던 주유는 이 기회를 이용해 평소 눈엣가시이던 제갈량이라도 없애겠다고 마음먹었다. 물론 주유의 속셈을 모를 리 없던 제갈량은 노숙魯肅에게 자신과 함께 하늘에 동남풍을 빌 칠성단七星壇을 세울 곳을 물색해 달라고 부탁했다. 사실 제갈량은 이미 마음속으로 남병산南屛山에 칠성단을 세우려고 결정해 둔 상태였다. 하지만 그는 짐짓 자신이 장소를 미리 점찍어 놓지 않은 척하느라 일부러 정반대쪽을 먼저 살펴보며 노숙에게 직접 장소를 고르게 했다. 그는 노숙이 자신과 있을 때의 일은 모조리 주유에게 보고한다는 것을 잘 알고 있었다. 한편, 제갈량의 속셈을 까맣게 모르는 노숙은 열심히 지세를 살폈다. 그곳의 양쪽은 깎아지른 듯한 절벽이었고, 봉우리는 구름에 닿을 듯 높았다. 오른쪽이든 왼쪽이든 그 어느 곳으로도 도망갈 곳이 없는 데다 앞쪽은 남병산으로 막혀 있었다.

'이곳에 칠성단을 세우면 제갈량도 독안에 든 쥐 꼴이 되겠구나.'

만약 동남풍을 불러오지 못하면 제갈량은 도망갈 수도 없었다. 약속한 그날, 목욕재계를 한 제갈량은 도복을 걸치고 맨발에 머리를 풀어헤쳤다. 그리고 제단으로 향한 그는 하늘에 제사를 드리기 시작했다. 사흘 밤낮 제를 올렸지만 바람은 불 기미조차 보이지 않았다. 약속한 날 저녁이 가까워 올 때까지도 날씨는 여전히 맑았다. 삼경이 되었을 무렵에 갑자기 바람이 소리가 들리더니 깃발이 휘날리기 시작했다. 놀란 주유가 장막을 뛰쳐 나왔을 때 이미 동남풍이 불어오고 있었다. 이렇게 바람이 불기 시작하자 제갈량은 미리 계획한 대로 단을 내려와 강변으로 갔고 조운이 준비해 놓은 배를 타고 주유의 진영을 떠났다. 그리고 그는 무사히 유비가 있는 하구夏口로 돌아올 수 있었다.

제갈량이 사방이 막힌 남병산에 칠성단을 세운 것은, 우선 주유의 경계심을 풀어주려는 것이요, 두 번째는 그곳이 가장 먼저 동남풍이 관찰되는 곳이라 시간을 벌 수 있기 때문이었다. 세 번째는, 그곳이라면 배를 타고서 강을 따라 내려가는 방법으로 적의 진영에서 쉽게 도망칠 수 있었기 때문이었다. 이렇게 모든 상황을 충분히 고려한 제갈량은 신중하고 치밀한 태도로 장소를 물색하고 칠성단을 세웠으며, 마지막으로 탈출 계획까지 모두 준비했다. 이는 모두 상대방을 속이고 자신의 계획을 완벽하게 실행해 내고자 한 것이었다.

지모를 운용할 때는 공개적인 것보다는 남몰래 하는 것이 나으며, 남몰래 하는 것보다는 오히려 상대방과 친해지는 것이 낫다. 친분을 맺으면 더욱 친밀해지고, 서로 틈이 없어지게 된다.

귀곡자 · 모謨

13

남의 형편을
먼저 헤아리라

"고지지시기故知之始己, 자지이후지인야自知而后知人也."

귀곡자 · 반응反應

남을 알고 싶거든 먼저 자기 자신을 아는 것부터 시작해야 하고, 나 자신을 알아야만 비로소 남을 알 수 있다.

인간은 사회적 동물이다. 그래서 많은 사람들과 함께 생활하고 일할 수밖에 없다. 다양한 사람들과 문제없이 잘 지낼 수 있다면, 삶은 더욱 행복해지고 어떤 일이든 성공을 이룰 수 있을 것이다. 다른 사람의 형편을 먼저 헤아리라는 '추기급인推己及人'은 좋은 인간관계를 만드는 핵심이기도 하다.

언제나

무슨 일이든 다른 사람의 입장에서 먼저 생각해 보는 것은 처세의 가장 근본이다. 귀곡자는 다른 사람을 알고자 하면 먼저 자신을 이해해야 한다고 말했다. 다시 말해서, 자신을 충분히 아는 사람이어야 비로소 그 기준으로써 다른 사람을 이해할 수 있다는 뜻이다. 그것이 바로 '추기급인'이다. '추기급인'은 또한, 관용과 포용을 나타내기도 한다.

90

청淸대의 유명한 화가 정판교鄭板橋는 52세에 겨우 아들을 얻어 그 자식 사랑이 말로 표현할 수 없을 정도였다. 하지만 그는 아들을 맹목적으로 사랑하지는 않았다. 산둥山東에서 관직을 맡았던 그는 자기 대신 아들을 돌봐주던 동생 정묵鄭墨에게 이런 편지를 쓰기도 했다.

"노비의 아들딸도 우리와 같은 사람이니 마땅히 아끼고 보살펴 주어야 하며, 절대 내 아들이 그들을 학대하도록 내버려 두어서는 안 될 것이네. 먹을 것이 있을 때 함께 나누면, 아이들은 기뻐서 깡충깡충 뛴다네."

이렇게 상대방을 먼저 배려하는 정판교의 마음은 선의로 남을 돕고자 하는 그의 도덕심을 잘 보여 준다. 그렇다면, 어떻게 해야 '추기급인'을 실천할 수 있을까? 가장 중요한 것은 "내가 하기 싫은 일은 남에게도 강조하지 않아야 한다는 것"임을 알아야 한다. 어떠한 일이든 그것에 대한 자신의 생각과 느낌을 바탕으로 상대방의 감정을 헤아려야 하며, 자신이 처할 수도 있는 상황을 떠올리며 상대방의 입장을 이해해야 한다. 또, 상대방과 입장을 바꾸어 생각해 볼 필요도 있다. 예를 들어 남이 내 자존심을 다치게 하는 것이 싫다면, 나자신도 다른 사람의 자존심을 짓밟아서는 안 된다. 또한 남에게 속는 것이 싫다면, 절대 상대방을 기만해서는 안 될 것이다. 타인에게 독서를 방해받고 싶지 않다면 자기부터 먼저 다른 사람이 책을 읽을 때 조용히 걸어야 하는 것처럼 말이다. 이렇게 먼저 상대방의 입장에서 생각해 본다면, 문제 해결 방법은 쉽게 찾을 수 있다. 또, 이를 실천할 수만 있다면, 어떤 일에서든 사리에 밝게 행동할 수 있게 된다. 상대방을 먼저 배려하는 사람은 자신뿐만 아니라 상대방도 바로 세워줄 수 있으며, 주위의 모든 이들을 이치에 밝은 사람으로 변화시킬 수 있다. 군자란, 남을 도와 그의 훌륭한 점을 더욱 완전하게 만든다고 했다. 바로 이것이야말로 진정한 의미에서 '추기급인'을 실천하는 것이 아닐까? 선현들은 세상에 온전히 서려면 언제나 자신이 아닌 남을 먼저 배려하라고 강조했다. '역지사지易地思之'는 분명 우리가 끝까지 지켜 나가야 할 미덕인 것이 틀림없다.

늘 내가 아닌 상대방의 입장에서 문제를 생각하고, 나의 입장과 관점을 고집하지 않는 것이야말로 겸손한 군자의 모습이라 할 수 있을 것이다. 넓은 마음을 뜻하는 '추기급인'은 우리 모두가 갖추어야 할 미덕이라는 점을 잊지 말라.

역사에서 배우기

미국에서 경제 대공황이 일어났던 당시에, 한 열일곱 살 소녀가 천신만고 끝에 고급 보석가게에 일자리를 얻었다. 크리스마스 하루 전날, 서른 살 쯤 되어 보이는 초라한 행색의 남자 한 명이 매장으로 들어왔다. 남루한 옷을 걸친 그의 얼굴은 슬픔과 분노가 가득했다. 그는 진열대 안의 보석들을 마치 잡아먹을 듯한 눈으로 노려보았다. 그때 갑자기 전화벨이 울렸고, 소녀는 전화를 받으러 가다가 그만 실수로 보석을 담아 둔 접시를 엎어 버리고 말았다. 금반지 6개가 모두 바닥으로 떨어져 소녀가 황급히 반지를 주웠지만, 왠지 딱 한 개가 보이지 않았다. 그때 황급히 문쪽으로 걸어가는 사내를 보고, 소녀는 그제야 반지의 행방을 짐작할 수 있었다. 그리고 사내가 막 문의 손잡이를 잡으려던 찰나, 소녀가 부드러운 목소리로 그를 불러 세웠다.

"실례합니다만, 손님!"

그러자 사내는 몸을 돌렸고, 두 사람은 잠시 아무런 말도 없이 서로 바라보았다. 그렇게 한 일 분 정도가 흘렀을까?

"무슨 일이오?"

사내의 표정은 한없이 경직되어 있었다.

"무슨 일이냔 말이오!"

사내는 다시 한번 물으며 애원의 눈초리로 소녀를 쳐다보았다.

"손님, 전 이 일자리를 아주 어렵게 구했답니다. 지금은 일자리 찾는 것이 하늘의 별따기거든요. 그렇지 않나요?"

소녀의 눈에는 어느덧 눈물이 고였다. 한참 동안 소녀를 바라보던 사내의 얼굴에는 희미한 미소가 번졌다.

"그렇지, 그렇고 말고."

사내는 천천히 말을 이었다.

"하지만 내 생각에 당신은 일을 참 잘 하고 있는 것 같소."

그는 천천히 진열대 쪽으로 다가오더니 소녀의 손을 꼭 쥐었다.

"이렇게 하면 당신이 행복하겠소?"

그러자 소녀는 조용히 고개를 끄덕였다. 그리고 소녀가 고맙다는 인사를 채 하기도 전에 사내는 가게를 빠져나갔다. 사내의 모습이 사라질 때까지 한참을 바라보던 소녀는, 잠시 후에 잃어버렸던 반지를 제자리에 가져다 놓았다.

소녀와 남루한 행색의 사내는, 비록 짧은 시간이었지만 서로의 입장을 생각하며 영혼을 교감하는 대화를 나누었고 결국 서로 이해를 구할 수 있었다. 우리는 이를 통해 상대방의 입장을 배려한다는 것은 바로, 서로 이해하고 존중하는 것이란 사실을 알 수 있다. 그것은 영혼의 악수이며, 이 앞에서는 의심과 질투, 원망, 상처, 복수가 모두 눈 녹듯 사라져 버리고 만다.

다른 사람을 이해하는 것은 마치 비목어(比目魚, 넙치)가 나란히 붙어서 움직이는 것처럼 거리가 없어야 한다. 그리고 상대방의 말을 꿰뚫는 것은 마치 소리와 그 메아리처럼 서로 일치해야 한다. 또, 상대방의 감정을 헤아리는 것은 마치 빛과 그림자처럼 그 모양이 같아야 한다. 뿐만 아니라, 상대방의 말을 관찰하는 것은 자석이 바늘을 끌어당기는 것이나 뼈에 붙어있는 고기를 혀로 핥아먹는 것처럼 실수가 없어야 한다.

귀곡자 · 반응

남의 형편을 먼저
헤아리라

결점을 직시하라

> "자천지지합리自天地之合離, 종시終始, 필유희극必有罅隙,
> 불가불찰야不可不察也"
>
> 귀곡자 · 저희抵巇

천지간에 '합리合離'와 '종시終始'가 있은 이래로, 만물에는 반드시 결함이 있
었다. 이것은 반드시 살펴야 할 문제이다.
자신의 결점을 용감하게 직시하고 적극적으로 고쳐나갈 수 있는 사람이나 민
족은, 반드시 큰 기회를 얻을 수 있다.

자고로

결점이 없는 사람은 없다. 누구나 이런 저런 결점을 가지고 있게 마
련이며, 무슨 일을 하든지 실수는 피할 수 없다. 그러므로 우리는 자
신의 잘못을 직시하고, 그것을 극복할 수 있어야 하는 것이다. 귀곡
자는 천지에 헤어짐과 만남, 시작과 끝이 생긴 이래로, 만물과 만사
에는 모두 결점이 존재한다고 여겼다. 게다가 냇물이 모여서 바다
가 되듯이 작은 결점도 모여 크게 될 수 있다고 보았다. 이런 틈새가

있다면, 우리는 어떻게 해야 하는 것일까? 귀곡자는 이를 두고 "틈새를 발견해야 할 뿐만 아니라 고치도록 노력해야 한다"고 했다. 세상에 결점 없는 사람은 없다. 그러니 공자와 같은 성인도 하루에 세 번씩 자신의 행동을 반성했던 것이다. 하지만 반대로, 자신의 결점을 알면서도 그것을 고치지 않고 심지어 지적하는 사람까지 싫어한다면, 작은 결점이 쌓이고 쌓여 결국에는 돌이킬 수 없는 문제가 되어 버리고 만다. 흔히 성격이 운명을 결정한다고들 말한다. 사실, 운명을 정복하는 것은 성격을 극복하는 것이며 또한 자신을 이기는 것이다. 더 정확히 말하자면, 자신의 결점과 부족한 부분을 정복하는 것이라고도 할 수 있다. 이처럼 자신의 결점을 용감하게 마주 대하고 또 적극적으로 고쳐나갈 수 있는 사람과 민족은, 더욱 강해지는 큰 기회를 얻을 수 있다. 옛말에 하늘을 알고 땅을 알고 남을 아는 것은 쉽지만, 바로 나 자신을 아는 것은 어렵다고 했다. 그러므로 우리는 늘 자신의 인생관과 세계관, 그리고 신념에서 나타나는 문제점을 살펴보고 자신을 극복하고 키우고자 끊임없이 노력해야만 한다. 자기 정복의 필요성을 아는 것은 또렷한 정신을 가지는 것이요, 자신을 극복할 수 있는 것은 훌륭한 기회를 가지는 것이다. 다시 말해, 자신을 정복하는 것이란 끊임없이 자기 자신을 살피고 반성하는 것이며, 마치 물파스처럼 싸하게 우리의 정신을 가다듬어 준다. 또, 자신을 정복하는 것이란 끊임없이 경계하고 자신을 일깨우는 것으로, 마치 자명종과 같다. 뿐만 아니라 자기 자신을 스스로 비판하고 잘못을 고치는 것으로, 생명의 메스와도 같다. 결국 자기 스스로를 이기는 것이란 이기적인 생각을 고쳐 나가고, 끊임없이 자신을 성숙시키는 것이며, 자신에게 내재된 힘을 길러 성공을 거머쥐는 것이라고 할 수 있겠다.

역사에서 배우기

20세기 초에 미국의 한 젊은 영업사원 킹 C. 질레트King C. Gillette가 '안전 면도기' 라는 것을 개발했다. 이 제품은 출시되자마자 날개돋친듯 팔려 나갔고, 그는 덕분에 그 유명한 질레트Gillette 사를 창립할 수 있었다. 질레트 제품이 시장에서 큰 인기를 끌 무렵에 면도기 회사 대부분은 질레트를 따라잡으려고 안간힘을 썼다. 하지만 그중에서 유일하게 윌킨슨 스워드 Wilkinson Sword만은 남몰래 대대적으로 시장 조사를 진행해 질레트 사의 면도기에 어떤 약점이 있는지 분석하기 시작했다. 17년 후에 마침내 윌킨슨 스워드는 양면을 다 사용할 수 있고 안전하기까지 한 면도날을 개발했다. 이 면도날은 자신의 면도기뿐 아니라 질레트에서 생산하는 면도기에도 사용할 수 있었다. 이 면도날 역시 출시되자마자 많은 사람의 주목을 끌었고, 질레트의 오랜 고객들도 모두 윌킨슨 스워드의 제품을 쓰기 시작했다. 경쟁사의 이러한 갑작스러운 신제품에 어안이 벙벙해진 질레트는 서둘러 같은 양면 면도날을 개발했다. 그러자 윌킨슨 스워드는 즉시 면도날 개발을 중지하고, 자사 제품은 물론 질레트의 면도날까지 모두 사용할 수 있는 면도기를 개발하기 시작했다. 결국 자존심에 금이 간 질레트는, 원래의 계획을 모두 뒤엎고서 모든 면도기에 사용할 수 있고 양날을 모두 쓸 수 있는 면도날을 개발해 후발주자인 윌킨슨 스워드의 코를 납작하게 해 주려고 했다. 하지만 그들 역시 만만하지는 않았다. 이번엔 윌킨슨 스워드 쪽에서 가벼운 스테인리스 양날 면도기를 개발한 것이다. 윌킨슨 스워드의 이러한 연이은 공격은 질레트를 당황시키기에 충분했다. 이렇게 10년간 힘겨루기를 통해 질레트의 시장 점유율은 기존의 90%에서 25%로 대폭 하락했으며, 나머지 75%는 윌킨슨 스워드를 비롯한 후발 주자들이 서로 나누어 가지게 되었다.

윌킨슨 스워드는 질레트와 직접적으로 대결을 벌이는 상황을 피하고, 냉정하게 그들의 약점을 분석하고서 이를 개선하고자 노력했다. 그들은 이를 통해 질레트보다 훨씬 우수한 제품을 연이어 개발해 낼 수 있었다. 이러한 점은 사람도 마찬가지이다. 끊임없이 자신의 결점을 발견하고 그것을 직시하며 고쳐 나간다면, 누구나 지금보다 훨씬 크게 발전할 수 있다.

모략은 새로운 상황과 새로운 문제를 해결하고자 할 때 사용한다. 이 모략에서 다시 계획이 나오는 것이다. 이 계획을 실행하려면, 반드시 다른 이들에게 그것을 토론하게 하고 그 의견을 수렴해 각자의 이익을 고려해야 한다. 또한, 토론 중에는 새로운 의견과 계획이 나온다. 옛것과 새것을 종합하고 적절한 진퇴進退를 규정하며, 여러 계획들을 융통성 있게 적용해 본 뒤, 그다음에 문제를 처리하고 해결해야 한다.

귀곡자 · 모

결점을
직시하라

15

과감하게 결정하라

> "어시도지왕사於是度之往事, 험지래사驗之來事, 참지평소參之平素,
> 가즉결지可則決之."
>
> 귀곡자 · 결決

과거의 일을 헤아리고, 미래의 일을 검증해 보며, 다시 일상생활의 일을 참고한다. 그리고 나서 모두 괜찮다면, 그제야 결정을 내린다.

과감함, 그것은 깊은 고민을 거쳐 신속하고 정확하게 결정을 내리는 것을 가리킨다. 과감한 사람은 집중해서 생각하고 민첩하게 반응한다. 그리고 정보를 흡수해 자신의 것으로 만들고 경험을 종합해 이용하고 미래를 계획하고 예측하는 데 걸리는 시간이 상대적으로 짧아 정확한 지령을 빠르게 내릴 수 있다.

기회가

오면 과감하게 결정을 내려 때를 놓치지 말아야 한다. 시간이 언제까지나 나를 기다려 주지는 않기 때문이다. 귀곡자는 이를 두고 이런 말을 했다.

"그러니 결단을 내리고 난제를 해결하는 것이 바로 만사의 핵심이다. 혼란을 평정하고 난을 다스리는 것으로 승패를 예견하기란 매우 어려우므로, 선현들은 시초(蓍草, 톱풀 또는 가시풀이라고 함-역주)나

100

귀갑(龜甲, 거북의 등껍데기-역주)으로 점을 보아 일의 진행여부를 결정했다."

귀곡자가 여기에서 강조했던 것이 바로 '결단' 이다. 사람됨이 우유부단하거나 혹은 쓸데없이 자기 고집만 내세우면 일을 그르치기 십상이다. 실제로 우리는 살아가면서 수많은 기회와 마주치게 되는데, 그때마다 그 기회를 용감하고 과감하게 움켜쥐어야 할 것이다.

여섯 나라가 맹약을 맺자 진나라는 크나큰 고민에 빠졌다. 여섯 나라의 백성과 재물, 병력을 모두 합하면 진나라의 몇 배도 더 넘었기 때문이다. 혹시 이 나라들이 손을 잡고 진을 공격하기라도 하면 그때는 그 자리에서 꼼짝없이 당할 수밖에 없었다. 이에 다급해진 진왕은 서둘러 재상 공손연公孫衍과 객경 장의를 불러 이 일을 의논했다. 공손연 역시 당시에 아주 유명했던 종횡가로, 소진과 장의와 함께 여러 나라에 이름을 떨치고 있었다. 그가 먼저 진왕에게 말했다.

"가장 먼저 합종을 주장한 것은 조趙나라입니다. 적을 물리치려면 먼저 우두머리를 잡으라는 말이 있지요. 그러니 대왕께서는 먼저 조나라를 공격하시고, 그들을 도우러 오는 나라가 있으면 바로바로 그들을 치십시오. 그렇게 하면 주변국들은 겁을 먹어 섣불리 우리에게 맞서 조나라를 도우려 들지 않을 겁니다. 그러면 합종의 맹약도 저절로 깨어지게 되지요."

그러자 장의가 이를 반박하고 나섰다.

"그 여섯 나라는 바로 얼마 전에 막 맹약을 맺었기에 그리 쉽게 와해되지는 않을 겁니다. 만약 우리가 병사를 일으켜 조나라를 공격하면, 한, 초, 위, 제, 연나라가 분명히 손을 잡고 조나라를 구하려 들

겁니다. 그러면 우리로서도 당해낼 방법이 없게 되지요. 신이 보기에는, 조나라를 먼저 공격하는 것보다는 차라리 몇몇 나라를 끌어들여 서로 의심하게 만들고 그들끼리 서서히 맹약을 깨도록 하는 것이 나을 듯합니다."

두 사람의 의견을 모두 주의 깊게 들은 진왕은 결국 장의의 말을 따르기로 했다. 그래서 그는 서둘러 사신을 뽑고 위나라와 연나라로 보내 장의의 계획을 실행하게 했다. 그렇게 해서 결국 여섯 나라의 맹약을 깨고 성공적으로 고립 상태를 벗어난 진나라는 천하 통일의 열쇠를 손에 넣게 된다. 『사기史記』에 "끊어야 할 때 끊지 않으면 오히려 어지러워진다" 라는 말이 나온다. 하지만 이와는 반대로 언제나 과감하게 결단을 내릴 수 있다면, 그 사람은 늘 성공하게 마련일 것이다. 진왕 역시 정확한 판단으로 과감하게 결정을 내렸기에 천하를 통일할 수 있는 열쇠를 거머쥔 것이었다.

인간의 본성이란, 이로움을 쫓고 해로움을 피한다. 귀곡자는, "해로움을 없앨 수 있다면 과감하게 결정하고, 복을 가져올 수 있다면 또 과감하게 결정하라" 라고 말했다. 과감한 결정에 능한 사람은 일반적인 법칙과 도리에 순응할 줄 안다. 다시 말해서, 용감하게 결정을 내리기 전에 먼저 반드시 이전의 사건들과 해결 방안을 모두 고려해 봄으로써 현재 일어나는 일들과 시급히 해결해야 하는 일을 정리하고, 결정을 내렸을 때 발생할 수 있는 각종 결과들을 치밀하게 고려한 뒤에 또 과학적이고 합리적으로 결정해야 한다. 마지막으로, 특히 중요한 것은 어떠한 결정이든지 모두 장단점이 있을 수밖에 없다는 사실을 받아들여야 한다는 점이다. 다만, 어떤 결정은 단점보다는 장점이 많고, 어떤 결점은 그 반대일 뿐이다. 물론 우리는 아무런 주저 없이 전자를 선택해야 할 것이다.

역사에서 배우기

파상에 주둔한 유방의 군대는 줄곧 항우와 대면할 기회가 없었다. 이때, 유방의 좌사마(左司馬, 사마란 육경六卿 중의 하나로, 군대의 최고 지휘관을 가리킨다—역주)인 조무상曹無傷이 항우에게 사람을 보내어 말을 전했다.

"유방이 관중을 점령하고 왕의 자리에 오르려 한다!"

이 소식을 들은 항우는 불같이 성을 내며 소리쳤다.

"내일 당장 병사를 내어 유방을 공격할 것이다!"

당시 항우와 그의 병사 40만은 모두 신풍현新豊縣 홍문鴻門에 주둔해 있었고, 유방은 10만의 병사를 이끌고 파상에 주둔하고 있었다. 분을 감추지 못하는 항우에게 범증范增이 말했다.

"유방은 산둥에 있을 때부터 재물을 탐하고 여색을 밝혔다고 합니다. 그런데 관중에 들어온 뒤로는 재물과 미녀를 거들떠보지도 않으니, 분명히 무언가 큰 뜻을 품은 것이 분명합니다. 얼마 전에 신이 그가 있는 곳을 방문한 적이 있사온데, 마치 호랑이와 용의 모습과도 같은 그곳은 사방이 구름으로 뒤덮였고 오색의 기운마저 감돌았습니다. 그것은 틀림없는 천자의 기운이니 대왕께서는 하루라도 빨리 그를 처리하시는 것이 좋을 듯합니다."

그때, 항우의 숙부이자 초나라의 좌군左君을 맡은 항량項梁 은 평소에 유방의 부하로 있는 장량張良과 사이가 좋았다. 그래서 그는 말을 타고 몰래 유방의 군중을 찾아가 옛 친구 장량을 만나서는 자신이 들은 이야기를 그대로 전해 주었다. 미리 친구를 피신시키려는 마음에서였다. 하지만 장량은 항량의 제안을 일언지하에 거절하고, 유방에게 그 사실을 알렸다. 그러자 깜짝 놀란 유방은 항량에게 다음날 아침에 자신이 직접 항우를 찾아가 잘못을 빌겠노라고 약속했다. 그날 밤 서둘러 자기 군영으로 돌아온 항량은 조카 항우에게 유방의 이야기를 들려주며 이런 말을 슬쩍 덧붙였다.

"유방이 먼저 관중을 공격한 덕분에 대왕께서 함양에 순조롭게 입성할 수 있었지요. 이렇게 공이 있는 자를 치는 것은 인의에 어긋납니다. 차라리 이 기회를 이용해 관계를 더욱 돈독히 해 두는 것이 좋을 듯합니다."

숙부의 말이 그럴 듯하게 느껴진 항우는 고개를 끄덕였다. 다음날, 유방은 약속한 대로 부하 100여 명을 이끌고 홍문관을 찾아왔다. 이를 본 항우는 기뻐하며 유방을 연회에 초대했다. 그 자리에 동석한 범증은 항우에게 유방을 처치하라고 계속 눈짓을 보냈지만, 항우는 끝내 그의 말을 듣지 않았다. 그러자 그는 하는 수 없이 항우의 조카 항장項莊을 불러내 말했다.

"군왕께서는 아무래도 내 말을 듣지 않으실 것 같소. 그러니 그대가 나서서 유방에게 먼저 술을 권하고, 검무를 춰서 연회의 흥을 돋우겠다고 하시오. 그리고 기회를 보아 그의 목을 단칼에 베어 버려야 하오. 이 일을 실패하면 그대들은 모두 저자의 포로가 되고 말 것이오!"

항장은 범증의 계획대로 유방에게 술을 권하고 말했다.

"군왕과 패공(沛公, 유방-역주)이 만나셨는데 어찌 흥이 빠질 수 있겠습니까? 청컨대 신이 검무를 추어 홍을 돋울 수 있도록 해 주십시오."

항우도 흐뭇한 듯 고개를 끄덕였다.

항장은 즉시 검을 빼내어 춤을 추기 시작했다. 한편, 심상치 않은 분위기를 느낀 항량 역시 이에 질세라 검을 빼들고 항장과 어울려 검무를 추며 온몸으로 유방을 보호했다. 결국 범증과 항장의 계획은 실패하고 말았다. 그제야 상황을 눈치 챈 장량도 번쾌를 시켜 유방을 보호하도록 했다. 그리고 유방은 잠시 후 장량과 번쾌가 선물을 바치며 항우의 주의력을 분산시키는 사이에 화장실에 다녀온다는 핑계를 대고 무사히 자신의 진영으로 도망쳐 올 수 있었다.

그날 홍문관에는 곳곳에 살기가 어려 있었다. 그것은 양쪽의 눈에 보이지 않는 힘겨루기였다. 여기에서 결국 항우가 실패하고 만 가장 큰 원인은 바로 그의 우유부단함 때문이었다. 이렇게 과감한 결정력이 부족한 태도야말로 실패하는 사람들의 가장 큰 문제점이다. 이들은 항상 이것저것 따지느라 좋은 기회를 놓쳐 버리고 만다. 하지만, 성공하는 사람들은 다르다. 그들은 언제나 성공의 가능성을 먼저 꿰뚫어 보고, 중대한 문제도 과감하게 결정을 내려 기회를 선점한다.

과거의 일을 헤아리고, 미래의 일을 검증해 보며, 다시 일상생활의 일을 참고한다. 그러고 나서 모두 괜찮다면, 그제야 결정을 내린다. 왕과 대신들의 일은 숭고하며 영예롭다. 이런 사람들은 과감한 결정을 내릴 수 있다면 힘들이지 않고 쉽게 성공을 거둘 수 있다. 힘을 쓰고 고생하는 것은 어쩔 수 없을 때 하는 일이다. 과감한 결정으로 위험을 제거할 수 있고, 또 과감한 결정으로 행복을 얻을 수도 있다.

귀곡자 · 결

과감하게
결정하라

언제나 넓은 마음으로

> "무궁자無窮者, 필유성인지심必有聖人之心, 이원불측지지以原不測之智,
> 이불측지지以不測之智, 이통심술以通心術."
>
> 귀곡자 · 본경음부本經陰符

무한한 지혜를 갖고 싶다면, 성인과 같은 넓은 마음을 지녀야 한다. 그래야만 많은 것을 담을 수 있으며, 무궁무진하고 헤아릴 수 없는 지혜를 추구할 수 있다. 바다는 수많은 냇물을 품는다. 이와 같이 한 개인의 미래가 성공할 수 있느냐는 넓은 마음과 큰 관계가 있다. 넓은 마음을 가져야만 그 안에 무궁무진한 지혜와 지식을 담아 이를 저장하고 융합해 자신의 것으로 만들 수 있다.

귀곡자는

다양한 지식과 지혜를 열린 마음으로 흡수해 그것을 축적하고 융합하여 자신의 것으로 만들어야만 만사와 만물에 대응할 수 있다고 생각했다. 그는 「부언符言」에서 군주가 마땅히 지녀야 할 미덕을 자세하게 설명한 바 있다. 그는 '군자'란 조용하게 사태를 바라보며 함부로 나서지 말라고 이야기했다. 만백성의 눈으로 보면 보지 못할 것이 없고, 그들의 귀로 들으면 듣지 못하는 것이 없으며, 또 그

마음으로 생각하면 생각지 못할 것이 없다고 했다. 수레바퀴살이 굴대를 중심으로 돌아가는 것처럼 만백성의 힘을 한데로 모을 수만 있다면, 아무도 군주의 어질고 현명함을 막을 수 없게 된다. 현대의 리더들 역시 열린 마음으로 대중의 의견을 받아들여야 할 것이다. 귀곡자는 이렇게 말했다.

"자유롭게 의견을 낼 수 있도록 독려하면 상대방의 참여 의식을 높일 수 있으며, 이렇게 백성의 뜻을 모아 견고한 성을 만들면 자신의 힘도 강해지게 된다. 그러나 이와 반대로, 타인의 의견을 받아들이지 않는 것은 나의 귀를 틀어막는 것과 같다. 또, 널리 다른 사람의 의견을 들을 수 있으면, 그들에게 존경받을 수 있고 좀처럼 정상에 오르지 못할 것만 같던 산도 정복할 수 있다. 그리고 대중의 의견을 받아들이면 바닥을 알 수 없는 심연 또한 그 깊이를 헤아릴 수 있게 된다."

전국 시대의 신릉군信陵君이 바로 이처럼 열린 마음을 가진 인물이었다. 어느 날, 대량성大梁城 동문東門의 문지기 후영侯嬴의 재능이 아주 뛰어나다는 말을 들은 신릉군은 직접 그를 찾아갔다. 하지만 후영은 행동 하나하나가 아주 무례하기 그지없었다. 자기가 먼저 마차의 앞자리에 냉큼 올라타고는 신릉군에게 그 뒤를 따르게 한 것이다. 또, 마차가 장터로 들어서자 후영은 일부러 친구 주해朱亥와 이야기를 나누며 신릉군을 기다리게 했다. 게다가 공자부公子府에 도착해 신릉군이 성대한 연회를 열어 후영을 상석으로 안내하고는 직접 술을 따라 주었지만, 후영은 이를 아주 당연하다는 듯이 받아들였다. 우리는 이 이야기를 통해 신릉군이 얼마나 넓은 마음을 가졌는지 엿볼 수 있다. 위나라 공자 신분인 신릉군이 직접 마차를 몰고 한낱 문지기에 불과한 후영을 찾아간 것도, 인내심을 가지고 그를 기다리며 친히 술을 따른 것도 모두 쉬운 일이 아니었다. 도량이 좁은 사람이었다면 결코 하지 못할 일이 아니었던 것이다. 마침내 이런 신릉군의 행동에 깊이 감동한 후영은 그제야 진심으로 충성을 맹세했다. 그리고 얼마 뒤에 후영은 신릉군에게 임금의 병부를 훔쳐 조나라를 구하는 계책을 제안했고, 이는 큰 성공을 거두었다. 또, 후영의 친구인 천하장사 주해 역시 이 과정에서 큰 공을 세웠다. 만약 신릉군이 높은 권세만 믿고 오만하게 행동했다면, 이러한 어질고 재능 있는 인물들이 자진해서 그를 따르는 일은 없었을 것이며 조나라를 위험에서 구해낼 수도 없었을 터이다. 하지만 현실에서 신릉군과는 반대로 타인의 무례함을 절대 용납하지 못하는 등 도량이 좁은 사람은 결국 지위와 명예를 모두 잃고 나라마저도 위험에 빠뜨리는 경우가 허다하다.

서주西周 말년에 포악하기로 소문난 주 여왕厲王은 잔혹한 정치를 펼쳐 백성의 원성이 하늘을 찌를 듯했다. 하지만 여왕은 이를 알고도 반성은커녕, 오히려 자신의 정치에 간언하는 자는 모조리 죽여 버리겠다고 으름장을 놓았다. 이러한 왕의 협박에 백성들은 감히 입을 열지 못했고, 겉으로는 원성도 사그라지는 듯했다. 하지만 그때 이후로 3년이 지나자 분노가 극에 달한 백성들은 결국 폭동을 일으키고야 말았다. 왕조를 뒤엎고는 여왕을 체彘땅으로 유배 보내 버린 것이다.

수많은 강줄기를 받아들이는 바다는 그 깊이를 헤아릴 수 없다. 이와 마찬가지로 누군가가 얼마나 위대한 업적을 이룰 수 있는지

가늠해 보려면, 먼저 그 사람의 도량이 얼마나 넓은지 살펴보아야 한다. 식견이 좁고 이기적이며 포용심이라고는 조금도 없는 사람이라면 성공을 거두기 힘들다.

역사에서 배우기

이것은 공장기계화가 본격적으로 시작되기 이전에 있었던 이야기이다. 어느 날 한 대형 신발 공장에 엄청난 물량의 주문이 들어왔다. 그것은 분명히 좋은 일이었지만, 공장에는 일손이 딸렸던 터라 약속한 기한에 맞출 수가 없는 상황이었다. 하지만, 그렇다고 기한을 넘기면 사장이 엄청난 액수의 위약금을 물어야만 했다. 그날, 사장은 공장 직원들을 모두 불러 모아 회의를 열었다. 그는 많은 사람의 힘을 모으면 아무리 어려운 일이라도 언제나 충분히 해낼 수 있다고 굳게 믿는 사람이었다. 사장은 우선, 직원을 더는 채용할 수 없는 회사 상황을 솔직하게 알리고, 모두에게 좋은 의견을 제안해 줄 것을 부탁했다. 또, 획기적인 아이디어를 내는 사람에게는 후한 포상을 내리겠다는 말도 덧붙였다. 그러자 공장 안은 마치 찬물을 끼얹은 듯 조용해졌고, 사람들은 저마다 문제를 해결할 방법을 생각하기 시작했다. 잠시 후, 앳돼 보이는 직공 한 명이 손을 번쩍 들자 사장은 힘찬 박수로 이 아이를 격려해 주었다. 다른 직원들의 박수를 받으며 자리에서 일어난 아이는 좀 자신이 없는 듯한 목소리로 입을 열었다.

"사람을 더 뽑을 수 없다는 건 그리 큰 문제가 아니에요. 기계로 신발을 만들면 되니까요."

　아이의 말이 채 끝나기도 전에 다른 직원들이 어이가 없다는 듯 웃음을 터트렸다.

　"애야, 도대체 무슨 기계로 신발을 만든다는 거니? 설마 네가 그런 기계를 만들 수 있단 말은 아니겠지?"

　그러자 아이는 두 손으로 새빨개진 얼굴을 감싸 쥐고 자리에 앉았다. 그래서 갑자기 공장 안이 시끄러워졌지만, 사장은 천천히 그 어린 직공의 곁으로 다가가 그 아이를 다시 일으켜 세웠다. 그리고 아이의 손을 이끌고 단상으로 올라간 사장은 목소리에 힘을 주어 말했다.

　"여러분, 이 아이의 말이 맞습니다. 비록 지금은 신발을 만들어 내는 기계가 없지만, 이 아이가 생각해 낸 것은 무척 중요하고 쓸모 있는 아이디어입니다. 이 아이디어가 실현될 수 있도록 노력하기만 한다면 지금 우리의 문제는 쉽게 해결될 테니까요. 우리는 결코 현실에 안주해서는 안 되며, 자유롭게 생각하고 행동할 수 있어야 합니다. 그래야만 끊임없이 발전할 수 있습니다. 그래서 나는 이 아이에게 상금 500달러를 주려고 합니다. 여러분이 생각하지 못한 것을 이 아이가 생각해 냈으니 말이에요."

　사장의 말이 끝나자 공장 안은 곧 우레와 같은 박수와 함성으로 가득 찼다. 그리고 직원들은 더욱 열정적으로 토론하기 시작했다. 그들은 회의를 계속하면서 자신만의 노련한 기술과 작업 도중에 터득한 풍부한 경험을 아낌없이 꺼내 놓았다. 사장도 시종일관 그들의 말에 귀를 기울이며 중요한 이야기들은 열심히 적었다. 그러고 나서 이 공장은 넉 달간 끊임없이 연구하고 노력한 끝에 마침내 사람 손을 거치는 대신 기계를 도입해 많은 물량을 생산할 수 있었다.

기업의 리더가 넓은 마음으로 모든 부하 직원의 장점을 한데 모을 수 있어야만 비로소 사업을 성공으로 이끌 수 있다. 이처럼 넓은 도량은 모든 지도자가 반드시 갖추어야 하는 소양이다. 훌륭한 리더는 이익을 취하고 해로움을 피하는 데 능하며, 타인의 장점을 이용하고 단점을 보완하는 데 탁월한 능력을 발휘한다.

성공하려 하는 자가 처음으로 하는 것은 자신의 행동이 대도大道에 어긋나지 않는가를 살피는 것이다.

귀곡자 · 본경음부

112

기회를 스스로 만들라

"경기추호지말經起秋毫之末, 휘지어태산지본揮之於太山之本,
기시외其施外, 조맹아얼지兆萌牙孼之謨, 개유저히皆由抵巇.

귀곡자 · 저희抵巇

가을 깃털처럼 작은 것이 태산의 밑뿌리까지 흔들 수 있으니 미리 싹을 잘라버리는 모략이란 것은 모두 틈새를 미리 막기 위함이다.
기회는 언제나 있지만, 누구에게나 공평한 이 기회를 어떻게 발견하고 이용하며 어떻게 만들어 가느냐 하는 것이 가장 중요하다.

귀곡자는

「저희」에서 작은 문제를 방치했을 때 발생하는 문제와 이를 해결할 수 있는 방법을 설명했다. 그는 또 이러한 문제를 역으로 이용하는 책략을 언급했는데, 이 역시 '저희' 의 기본 원리와 일맥상통한다. 작은 틈은 재빨리 메우면 큰 화를 피할 수 있지만, 반대로 이익을 위해 그 구멍을 이용할 수도 있다는 말이다. 작은 틈을 크게 만들고, 또한 이제 막 불거지기 시작한 작은 문제를 상대방을 무너뜨릴 수 있을 만큼 더 확대하는 것이다. 심지어는 일부러 틈을 만들어 그것을 이용할 수도 있는데, 그것이 바로 '무중생유(無中生有, 억지로 사건을 만들어 냄)' 전략이다. 연횡을 주장하며 전국을 떠돌던 귀곡자의 제자 장의는 늘 "작은 문제를 미리 막아 큰 화를 피하라"라는 '저희'의 원리를 역으로 이용해 제후국들 사이에 갈등을 일으켜 어부지리를 얻기도 했다. 뿐만 아니라 너무도 당당하게 다른 군주들을 속여서 그들이 자진해 땅을 바치게 만들기도 했다.

장의는 제나라에서 유세를 할 당시에 제 선왕宣王에게 한나라가 이미 진나라에 의양宜陽 땅을 헌납하고 위나라와 조나라 역시 진나라에 땅을 바쳤으니 합종의 맹약은 깨지고 있다고 거짓말을 했었다. 사실 장의는 그때 조나라에 가 보지도 못한 상태였다. 전혀 의심할 여지가 없이 시종일관 당당하기만 한 장의를 보고 그의 말을 사실이라 여긴 제왕은, 한나라와 조나라, 위나라가 이미 진에게 충성을 맹세한 마당에 자신이 이를 거부해 버리면 진나라의 공적이 되고 말 것이라 판단했다. 그래서 제왕이 서둘러 진 혜문왕에게 땅을 바쳤던 것이다. 이 이야기 말고도 수많은 역사 이야기 중에 주동적으로 기회를 창조해 성공을 거둔 인물이 적지 않다. 당나라 안사安史의 난을 예로 들어보자. 당시에 수많은 지방 관리들이 금세 안록산安祿山과 사사명史思明의 편에 섰는데, 충성스러운 장수 장순張巡만은 끝내 투항을 거부했다. 뿐만 아니라 그는 군사 3천을 이끌고 홀로 옹구雍丘성을 지켰다. 그러자 안록산은 투항한 장수 영호조令狐潮에게 병력 4만을 주어 옹구성을 포위하도록 했다. 이 싸움에서 장순은 기습 공격을 몇 번 성공하긴 했지만, 병력에서 워낙 큰 차이가 나는 터라 더는 성을 지키기가 힘들어졌다. 그때 장순은 삼국 시대에 제갈량이 짚더미가 실린 배를 이용해 화살을 엄청난 양으로 얻었다던 이야기를 떠올렸다. 그는 즉시 병사들을 시켜 짚더미를 모아 사람의 모양으로 만들고 검은 옷을 입힌 다음 한밤중에 몰래 이를 성 밖으로 떨어뜨리게 했다. 이를 본 영호조는 장순의 병사들이 또 다시 기습을 감행하는 것이라 생각하고는, 서둘러 병사들에게 활을 쏘라고 명령했다. 곧 장순의 지푸라기 병사들에게 화살이 빗발치듯 쏟아졌고, 장순은 덕분에 화살 10만 개를 손쉽게 얻을 수 있었다. 날이 밝은 후에야 비로소 자신이 장순의 속임수에 넘어갔다는 사실을 알게 된 영호조는 자신의 행동을 후회했지만 이미 때는 늦은 뒤였다. 다음날 밤, 장순은 또 다시 병사들의 옷을 입힌 허수아비를 성 밖으로 떨어뜨렸다. 영호조의 병사들은 이에 '우리가 똑같은 수법에 또 당하겠냐!' 라고 생각하며 이번에는 활을 쏘는 대신 장순을 비웃었다. 한편, 이를 지켜보던 장순이 곧 정예병 5백을 성 밖으로 내보냈지만, 영호조의 진영에서는 단 한 사람도 그런 사실을 알아채지 못했다. 장순 쪽의 병사 5백 명은 어둠을 틈타 신속하게 적의 진영에 잠입해 공격을 시작했고, 영호조의 진영은 순식간에 혼란에 휩싸였다. 장순은 이 기회를 놓치지 않고 나머지 병력을 모두 이끌고 성을 나와 목숨을 걸고 싸웠다. 결국 이 싸움에서 크게 패한 영호조는 서둘러 도망쳐 버리고 말았다. 이 싸움에서 장순은 바로 '무중생유' 의 전략을 이용해 옹구성을 지킨 것이다.

　이 이야기에서 알 수 있듯이 귀곡자의 '저희' 는 세 가지 뜻으로 해석할 수 있다. 첫째, 천지의 모든 사건과 사물은 갈등의 종합체이다. 이들은 끊임없이 발전하며, 어떠한 사물이라도 반드시 곧 드러날 문제점을 안고 있다. 그러므로 항상 이를 잘 관찰하고 문제를 발견해 사전에 그 문제를 막아야 한다. 둘째, 필요하다면 일부러 문제를 크게 만들어서 그 상황을 이용해도 좋다. 셋째, '무중생유'의 전략을 써도 좋다. 다시 말하면, 문제가 없는 상황에서 일부러 갈등을 만들고 능동적으로 기회를 창조해 그것을 이용하는 것이다.

역사에서 배우기

1970년대, 일본의 한 솜이불 공장은 판매가 부진해 재고를 산더미처럼 쌓아 두고 있었다. 이 문제로 한참을 고민하던 사장은 결국, 번뜩이는 아이디어를 떠올렸고, 우선 지식이 해박하기로 유명한 도서관장을 찾아가 이렇게 물어보았다.

"도쿠가와 시대에 카와고에 지역에 살았다던 한 효자의 이야기를 듣고 여쭈어 볼 게 있어서 관장님을 찾아왔습니다. 제가 들은 바에 따르면, 그 효자는 병약한 부모에게 보랏빛 면 이불을 사드렸다고 합니다. 그런데 아들이 준 이불을 덮고 자던 부모가 신기하게도 얼마 지나지 않아 아주 건강해졌다지 뭡니까? 그리고 이 이야기를 전해들은 카와고에 성주城主가 이 효자에게 은 백 냥을 상으로 주었다고 합니다. 그런데 그 당시 지역의 주지는 누구였나요? 그 얘기를 좀 더 자세히 들려 주실 수 있을까요?"

사실, 그 효자 이야기는 순전히 이불 공장 사장이 꾸며낸 것이었다. 하

116

지만 이 사실을 알 리 없는 도서관장이 난처한 표정을 지으며 대답했다.

"예전에, 면 이불은 신분이 높은 사람만 사용할 수 있었고, 평민이 사용하기 시작한 것은 도쿠가와 시대가 지나고 나서부터입니다. 당신이 들었다는 그 이야기는 나도 잘 모르겠군요."

비록 꾸며낸 것이었지만, 이 이야기는 금세 사람들의 입소문을 타고 퍼지기 시작했다. 얼마 지나지 않아 이 사장의 공장에서 생산한 보랏빛 면 이불은 날개돋친듯 팔려 나갔다. 중국에도 이와 비슷한 이야기가 있다. 어느 도시에 한 옷 가게가 막 개업을 했다. 비록 문을 연 지 얼마 되지 않아서 가게가 썰렁했지만, 벌써 개업 준비에 돈을 많이 써 버린 터라 광고를 더 할 수도 없는 상황이었다. 사장은 고민에 빠졌다.

'어떻게 해야 손님들에게 우리 옷 가게를 알릴 수 있을까?'

다행히도 사장은 곧 좋은 방법을 떠올렸다. 그리고 사장은 어느 날 근처의 영화관을 찾아갔다. 영화가 시작되기 몇 분 전에 갑자기 옷 가게의 점원이 극장 안에 들어와 큰 소리로 사장을 찾았다.

"○○ 의류점의 왕 사장님, 밖에서 누가 찾으십니다."

사장은 점원이 이렇게 다섯 번을 외친 후에야 모습을 드러냈다. 그리고 사장은 근처에 있는 영화관마다 찾아가 하루에도 여러 차례 이 방법을 썼다. 그러자 며칠 후에 그의 옷 가게는 손님이 점점 늘어났고, 매출 역시 큰 폭으로 뛰었다.

모든 광고에 돈이 드는 것은 아니다. 때로는 돈을 전혀 쓰지 않고도 마치 돈을 많이 쓴 것 같은 효과를 낼 수 있는데, 이것이 바로 '무중생유'이다. '무중생유'의 '무無'는 거짓과 허구를, '유有'는 진실과 실상을 가리킨다. 다시 말하면, '무중생유'란 진실과 거짓이 섞여 있거나 아니면 진실 중에 거짓이 있고, 혹은 거짓 중에 진실이 존재하는 것, 그리고 거짓과 진실이 서로 변하는 것을 가리킨다. 그러니까, 허상으로 상대방을 혼란에 빠트리고 판단을 흐리게 해서 잘못된 행동을 이끄는 것이다.

성인은 이런 '틈새의 싹'을 보면 미리 그것을 법으로 막아내는데, 세상이 아직 다스려질 수 있다고 판단하면 그것을 미리 막아 봉쇄하고, 세상이 다스려질 수 없다고 판단하면 그것을 미리 막아 세상을 획득한다.

귀곡자 · 저희

기회를 스스로 만들라

18

기회를 엿보며
때를 기다리라

"세 무가저世無可抵, 즉심음이대시則深隱而待時,
시유가저時有可抵, 즉위지모則爲之謀, 가이상합可以上合,
가이검하可以檢下, 능인능순能因能循, 위천지수신爲天地守神.

귀곡자 · 저희

틈새를 막을 수 없을 때는 그것을 깊이 숨기고 때를 기다려야 한다. 반대로 틈
새를 막을 수 있을 때 위로는 협력하여 그것을 지략으로 삼고, 아래로는 감독
하며 그것에 의지하고 따를 수 있어야 한다. 이렇게 하면 자신을 지킬 수 있다.
시기를 잘 살피며 나아가고 물러서는 때를 잘 알아 이를 절도 있고 자유롭게
쓸 수 있어야만 경쟁에서 불패의 고지를 점할 수 있다.

성공을
할 수 있느냐는 그가 일하는 방식에 따라 결정된다. 사람이라면 누
구나 성공적인 직장생활이나 사업에서 성공하고, 행복한 가정을 이
루며, 타인에게 존경받기를 바란다. 하지만 이런 바람은 훌륭한 인
격과 일 처리가 탁월한 사람만이 이룰 수 있는 법이다. 이들의 공통
적인 특징은 바로, 나아감과 물러섬의 법칙을 깨우쳤다는 점이다.

귀곡자는 「저희」에서 "틈새를 메울 수 없을 때는 그것을 숨기고 때를 기다리라"라고 했다. 무슨 일을 하든지 잠시 물러나 기회를 기다리는 법을 먼저 깨우쳐야 한다고 강조했던 것이다.

'상尙' 혹은 '여상呂尙'이라는 이름의 강태공姜太公은 주周 문왕文王과 무왕武王을 도와 상商나라를 멸망시킨 공신이다. 하지만 일찍 문왕의 눈에 띄지 못했던 그는 섬서陝西의 위수渭水변에서 은거했다. 일부러 주족周族의 지도자 희창(姬昌, 주 문왕-역주)이 다스리는 지역에 머물면서 그의 눈에 들기만 기다렸던 것이다. 강태공은 항상 번계番溪에서 낚시를 했다. 보통사람들은 낚싯줄에 끝이 굽은 바늘을 달고 그 위에 미끼를 걸지만, 그는 늘 끝이 곧은 낚시 바늘에 미끼도 걸지 않은 채 물 위에 낚싯대를 드리웠다. 게다가 찌는 물속이 아닌 수면 위로 세 척 정도나 올라간 곳에서 대롱대롱 흔들렸다. 이러한 강태공의 이상한 낚시법은 얼마 지나지 않아 희창의 귀에까지 전해졌다. 희창은 곧바로 사람을 보내 그를 불러오게 했다. 하지만 강태공은 미동도 하지 않고 계속 낚싯대만 바라보며 중얼거렸다.

"잡히라는 물고기는 잡히지 않고, 쓸데없는 잔챙이들이 물을 어지럽히는구나!"

이 말을 전해들은 희창은 그가 범상치 않은 인물이라는 것을 직감하고 직접 강태공을 찾아가기로 했다. 그는 먼저 하루 세 끼 모두 야채를 먹고 목욕을 한 뒤에 단정하게 옷을 갈아입고 선물까지 후하게 준비해 번계로 찾아갔다. 희창의 정성에 감동한 강태공은 앞으로 그에게 충성을 다하겠다고 다짐했다. 훗날 강태공은 정말로 희창을 도와 나라를 세웠으며, 그의 아들인 무왕 희발姬發을 보필해 상나라를 멸망시키기도 했다. 또한, 강태공 자신도 그 공을 인정받아 '제지(齊地, 지금의 산둥성 동북부 지역-역주)' 를 하사받음으로써 위업을 달성하고자 했던 자신의 바람을 이룰 수 있었다. 강태공이 번계에서 낚시를 한 것은 표면적으로는 후퇴요, 본질적으로는 적당한 때를 기다린 것으로 볼 수 있다. 강태공처럼 하고자 할 때 가장 중요한 것은 바로 진퇴술을 자유롭게 구사할 수 있어야 한다는 점이다. 자신의 뜻을 견지해야 할 때는 그것을 끝까지 굽히지 않고, 포기해야 할 때는 주저 없이 손을 놓아야 더 큰 것을 얻을 수 있는 것이다. '물러남' 은 일종의 예지叡智이다. 적당한 때에 물러나려면 현재 상황과 형세, 그리고 직면한 문제점을 정확하게 파악하고, 자신의 상태도 잘 알아야 한다. 후퇴할 때는 전진할 때보다 더 냉정하고 치밀한 선택이 필요하다. 이때, 목표가 너무 높게 느껴진다면 잠시 모든 것에서 손을 떼고 자신을 속박하는 족쇄를 벗어 던진 채 한 발 물러서도 괜찮다. 그러면 오히려 모든 것을 한결 더 정확히 볼 수 있게 마련이다. 한 발 물러서야만 더 큰 걸음을 내딛을 수 있다. 이보 전진을 위한 일보 후퇴, 그것이 바로 상책 중에서도 가장 상책이라는 것을 꼭 기억하라.

역사에서 배우기

춘추 전국 시대 말기에 초나라 출신인 범려范厲는, 유명한 정치가이자 군사가이며 경제학자이기도 했다. 기원전 496년에 오吳나라와 월越나라 사이에 전쟁이 벌어졌다. 이 싸움에서 오왕 합려闔閭가 죽자 두 나라는 원수가 되었고, 이때부터 기나긴 전쟁이 시작되었다. 기원전 494년, 합려의 아들인 부차夫差는 아버지의 원수를 갚으려고 부초夫椒에서 월나라와 전쟁을 벌였다. 이번에는 월왕 구천勾踐이 대패했고, 겨우 병사 5천 명만 거느린 채 회계산會稽山으로 도망쳤다. 범려는 이처럼 구천이 궁지에 몰렸을 때 월나라에 몸을 의탁했다. 그는 구천에게 "월나라는 필히 흥하고, 오나라는 분명히 망할 것입니다" 라고 단언하면서 먼저 오왕에게 자세를 낮추며 적당한 때를 기다리라고 권유했다. 구천은 그 의견을 받아들이고 그를 상대부(上大夫, 대부란 경卿의 아래이고 사士의 위인 집정관으로, 상대부와 중대부, 하대부로 나뉜다·역주)로 임명했다. 범려 역시 자진해서 구천 부부를 돌보며 오나라에서 3년간 노비 생활을 했다. 그리고 3년이 지나 월나라로 돌아온 범려는 문종文種과 함께 월나라를 흥하게 하고 오나라를 멸망시킬 계책 아홉 가지를 짜기 시작했다. 20년간 온힘을 다해 구천을 보필한 범려는 마침내 월왕의 패업을 도왔고, 자신도 상장군上將軍으로 임명되는 영예를 안았다. 이렇게 온 나라가 축제 기분으로 한참 들떠 있을 때, 범려는 자신들의 이름을 바꾼 뒤에 서시西施를 데리고 오호五湖로 배를 타고 도피했다. 훗날, 여러 곳을 전전하다 제나라에 당도한 그는 또 다시 치이자피鴟夷子皮라 이름을 바꾸고, 아들과 제자들을 데리고 해변에 정착했다. 이렇게 땅을 일구고 사업을 시작한 그는 채 얼마 지나지 않아 어마어마한 재산을 모았다. 하지만 그는 결코 재물을 탐하지 않았다. 그리고 그의 어진 성품과 현명함은 곧 제나라 사람들 사이에서 소문이 나기 시작했다. 그러자 제나라 왕은 범려를 수도 임치臨淄로 불러와 정무를 담당하는 재상으로 삼았다.

그런데 범려는 딱 3년이 지나자, 땅이 꺼져라 한숨을 쉬며 이렇게 말했다.

"관직은 이미 재상에까지 오른 바 있고 천금의 부도 얻었으니, 맨손으로 집안을 일으킨 자에게 이것은 최고라 할 수 있다. 여기에서 더 오래 왕의 명령을 받들게 되면 분명 나에게 화가 미칠 것이다."

이렇게 해서 또 다시 물러날 것을 결심한 그는 제왕에게 받은 인장을 모두 돌려주고, 친척과 친구 그리고 마을 사람들에게 가산을 모두 나누어 주었다. 이리하여 무명옷을 걸치고 길을 떠난 범려는 마침내 도지陶地라는 곳에 도착했다. 이 활발한 교역의 중심지에 정착한 그는 또 다시 온힘을 다해 일을 했고, 몇 년 지나지 않아 또 어마어마한 부를 축적했다. 그는 자신을 도주공陶朱公이라 부르기도 했다. 그리고 그곳 백성은 도주공을 심지어 재물의 신으로 섬기기까지 했다. 이리하여 범려는 중국의 도덕적인 상인 '유상儒商'의 선조가 되었다. 역사학자 사마천司馬遷은 "범려는 세 번 도피해 모두 큰 명예를 얻었다"라고 말했다. 또, 훗날 사람들은 범려를 "나라를 위해 충성했고, 지혜로 자신의 몸을 돌봤으며, 장사로 부호가 되어 천하에 이름을 떨쳤다"라고 평가하기도 했다.

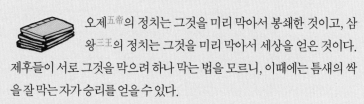

전진할 줄만 알고 후퇴할 줄 모르는 사람, 싸울 줄만 알고 양보할 줄 모르는 사람은 반드시 화를 입게 되어 있다. 범려는 신하로서 더할 나위 없는 영예를 누리고 있을 때 과감하게 이를 버리고 홀연히 물러섬을 택했으며 그로 인해 후세에 까지 아름다운 이야기로 전해지고 있다. 사마광은 『자치통감資治通鑑』에서 이런 말을 했다. "한漢 삼걸三杰 중에 소하蕭何는 감옥에 갇혔으며, 한신韓信은 죽임을 당했으며 자방子房은 신선 세계로 갔다" 이렇게 범려의 지혜는 배울만한 가치가 있는 것임에 틀림없다.

오제五帝의 정치는 그것을 미리 막아서 봉쇄한 것이고, 삼왕三王의 정치는 그것을 미리 막아서 세상을 얻은 것이다. 제후들이 서로 그것을 막으려 하나 막는 법을 모르니, 이때에는 틈새의 싹을 잘 막는 자가 승리를 얻을 수 있다.

귀곡자 · 저희

기회를 엿보며
때를 기다리라

널리뜻을모으라

"계모자計謀者, 존망추기存亡樞機, 여 불회濾不會, 즉청 불심의則聽不審矣,
후지 부득候之不得, 계모실의計謀失矣."

귀곡자 · 본경음부本經陰符

계책은 일의 성패를 가르는 관건이다. 만약 서로 의견을 교환하지 않으면 다른 사람들의 이야기를 모두 자세히 듣지 않게 되고, 그렇게 되면 좋은 계책이 나올 수 없다.
사람의 지혜는 유한하다. 이렇게 지혜와 지식이 한정적일수록 더욱 많은 사람의 의견을 모아야 하는 법이다.

사람들은
공동의 문제를 해결하고자 회의를 열어 의견을 나눈다. 이렇게 서로 이해하는 과정을 통해 의견을 모으고 관점을 일치시켜 나가다 보면, 어느새 갈등은 해결되고 모두의 공통된 의견을 만들어 낼 수 있다. 어떤 때에는 투표를 통한 다수의 의견이 모두의 행동을 지도하는 방침이 되기도 한다. 이렇게 널리 의견을 듣고 지혜를 모으는 방법은 인류 문명이 발전하는 데 중요한 지표가 되기도 한다. "의견

을 나누고 뜻을 모으며 그것을 자신의 것으로 만드는 과정." 귀곡자
는 2천 년 전에 이미 이런 방법이 아주 중요하다는 것을 알았다. 귀
곡자는 훌륭한 계책이란 다름 아닌 많은 사람들이 서로 의견을 교
류한 결과물이라고 생각했다. 많은 사람들이 자신들의 의견을 서로
교환하면, 의사 결정자는 이 모두를 자세하고 치밀하게 분석한 다
음에 그 상황에 맞는 것으로 최종 결정을 내려야 한다. 이러한 의사
결정 방법은 아주 정확하다고 평가할 수 있다. 중국 속담에 "구두 수
선공 셋이 모이면, 제갈량보다 낫다"는 말이 있다. 고대의 부관^{副官}
인 비장은, 전쟁의 최전선에 서는 장수를 가리킨다. 다시 말해서 비
록 가장 아래 계급으로 최전방에서 싸우는 비장이라 할지라도 그들
이 지혜를 모으면, 지모가 뛰어난 제갈량보다 더 우수할 수 있다는
말이다. 후대 사람들이 이 '비장'을 구두 수선공인 '피장^{皮匠}'으로
바꾸었다. 오랜 세월 전해 내려오면서 그리된 것일 것이다. 어쨌든
변하지 않는 사실은, 옛 속담에서도 이렇게 여러 사람의 지혜를 모
으는 것이 얼마나 중요한지를 강조했다는 점이다. 공자는 이렇게
말했다.

"집정자가 자신을 고명하다 여기고 다른 사람을 범인^{凡人}이라 생
각지 않으면, 여러 사람의 뜻을 듣고 이를 모아 시비를 분명하게 판
단할 수 있다. 그리고 스스로 옳다 여기지 않고 잘못을 흔쾌히 인정
하면, 큰 화를 피할 수 있고 훌륭한 업적을 세울 수 있다. 자신을 추
어올리지 않고 겸손하게 행동하면 명예를 얻을 수 있으니, 그래서
공훈이 있는 것이다. 자만하지 않고 안하무인하지 않으며 누구든
평등하게 대하면, 역사에 그 이름을 길이길이 남길 수 있다."

이 이야기는 무슨 일을 하거나 어떤 문제를 고민할 때, 반드시 자신의 유리함과 타인의 장점을 이용해야 한다는 것을 강조한다. 주변 사람과 일을 비교 분석해서 그중에서 장점을 취하고 단점을 버릴 줄 알아야 한다는 것이다. 그렇다면 어떻게 여러 사람의 의견을 듣고 지혜를 한 곳에 모을 수 있을까?

첫째, 일이 크건 작건 모두 무심히 지나치는 일 없이 찬찬히 뜯어보아야 한다. 어떤 문제를 세심하게 살피다 보면 더 많은 작은 문제들을 발견하게 되고, 자신의 부족한 점도 느낄 수 있다.

둘째, 자신의 의견만 고집해서는 안 된다. 사람들은 모두 자신의 의견을 주장할 권리가 있다. 이 때문에 우리는 자신이 특별하다고 생각하고 남의 의견을 귀담아 듣지 않게 될 수 있다. 하지만 이는 잘못된 행동의 지름길이기도 하다. 다른 사람이 나를 신뢰하고 지지하며 존중하는 것 외에 그들의 의견을 제안하고 내 의견을 부정하는 것, 심지어 비판하는 것 역시 정확한 결정을 내리는 데 큰 도움이 된다는 사실을 잊지 말라.

셋째, 지낭智囊의 도움을 빌리는 것이다. 두뇌 집단의 힘을 빌리지 않는 지도자는 훌륭한 정책 결정자가 되기 힘들며, 정확한 결정을 내릴 수도 없다. 다른 사람의 의견을 귀담아 듣지 못하고 타인과 교류하는 데 인색한 사람은 자기만의 착각에 빠지기 쉽다.

역사에서 배우기

코닥Kodak은 지난 100년간 꾸준한 발전을 통해 세계적인 브랜드로 자리 잡았다. 코닥의 브랜드 가치는 20억 달러에 육박했으며, "누르기만 하세요. 나머지는 우리가!" 라는 광고 문구는 전 세계 어느 곳에서나 모르는 사람이 없을 정도로 유명했었다.

코닥이 이처럼 엄청난 성공을 거둘 수 있었던 것은 창업자 조지 이스트먼George Eastman과 큰 관계가 있다. 조지 이스트먼은 회사가 여러 가지로 문제에 부딪힐 때면, 직원들의 의견을 듣고 그 속에서 해답을 찾았다. 그는 또, 사원들의 의견을 모으는 방편으로 미국 기업 중에서 최초로 사내 건의함을 만들기도 했다. 코닥의 직원이라면 사무직이든 생산직이든 누구나 상관없이 회사의 어떠한 부분에 대해서라도 서슴없이 자신의 의견을 적어 건의함에 넣을 수 있었다. 그리고 회사는 이들의 의견을 전문적으로 처리하고 관리할 직원을 배치하기도 했다. 이렇게 채택된 의견으로 회사의 비용을 절감하게 되면, 그 아이디어를 낸 직원에게 2년 동안 절감한 비용의 15%를 상금으로 주었다. 또, 새로운 상품을 개발해 출시하게 되면, 그해 판매액의 3%를 직원들에게 돌려주었다. 비록 채택되지 않은 의견이라 할지라도, 회사는 서면을 통해 그 이유를 설명해 주었다. 직원들의 의견은 모두 본인의 인사 고과 서류에 기록되었다. 1898년부터 시작된 코닥의 '건의함' 제도는 지금까지도 계속되고 있다. 이 건의함에 제일 먼저 의견을 집어넣은 사람은 평범한 직원이었다. 그는 책임지고 필름실 유리를 닦을 사람이 필요하다고 제안했고, 상금 20달러를 받았다. 건의함 제도가 생긴 지 100년 동안, 코닥은 직원들의 의견을 모두 70만여 건이나 채택했고, 이들에게 상금으로 총 2천만 달러를 나누어주었다. 코닥은 이 의견들로 불필요한 문서 업무를 줄이고 새로운 설비들을 들여놓을 수 있었으며, 업무상에서 발생할 수 있는 수많은 낭비를 없앨 수 있었다.

조지 이스트먼은 무엇보다 직원들의 생각을 중시했고, 적극적으로 그들의 의견을 받아들였다. 이렇게 직원들이 자진해서 자신의 창의성을 발휘하면 기업 관리자들은 그들의 의견을 모아서 정확하고 효과적인 결정을 내릴 수 있어야 한다. 일상생활에서도 마찬가지다. 우리는 언제나 상대방의 의견을 주의 깊게 듣고 그 장점을 취해야 하며, 여러 사람의 힘을 모아 각 영역의 긍정적인 요소들을 결합할 수 있어야 한다.

그러므로 마음을 진실하게 가져야 하고, 천성을 굳게 지켜야 하며, 쉽게 외부 세계에 동화되어서는 안 된다. 상대방이 나와 진심으로 의견을 나눌 수 있을 때까지 기다려야 한다. 그래야만 양쪽 모두 이를 받아들일 수 있다.

귀곡자 · 본경음부

널리 뜻을
모으라

20

융통성 있게
행동하라

"전원자 轉圓者, 무궁지계 無窮之計."

귀곡자 · 본경음부 本經陰符

끊임없이 굴러가는 원이란 바로 무궁한 지략을 말한다.
사람은 지혜로운 동물이다. 그래서 문제에 부딪치면 융통성 있게 이를 처리할
수 있는 것이다. 이 방법이 통하지 않으면 다른 방법을 쓰면 된다. 그러면 언젠
가는 적당한 해결책을 찾을 수 있다. 무슨 일이든지 틀에 박힌 행동보다는 융
통성 있게 처신하고, 구체적으로 문제를 분석해야 한다.

귀곡자는

늘 손빈과 방연에게 진을 치고 병사들을 배치하는 방법을 연습시키
고 자신은 이를 직접 감독했다. 어느 날, 귀곡자는 우선 제자들에게
321과 123 전법을 펼치도록 했다. 321 전법이란 최전방에는 3인을,
가운데에는 2인을, 그리고 최후방에는 1인을 배치하는 것이다. 이
러한 321 전법은 주력 부대가 앞에 있어서 적이 아군을 공격하기는
어렵고 우리 편은 수비하기가 쉬운 배치이다. 이번 싸움에서 방연

우 먼저 수비를 선택했다. 그러자 손빈은 무예가 출중한 병사들을 전방에 배치시키고 각종 공격 전술을 두루 활용해 방연이 세운 전방의 수비를 뚫었다. 이어서 그는 일대일 전술과 포위 공격으로 방연을 완전히 이길 수 있었다. 다음에는 방연이 공격할 차례였다. 내심 자신의 패배를 인정하기 싫었던 방연은 온힘을 다해 공격했지만, 그는 배치를 바꿔서 펼친 싸움에서도 역시 손빈에게 지고 말았다. 연습이 다 끝나자 귀곡자가 제자들에게 말했다.

"오늘 진법을 깨는 연습에서는 손빈이 방연보다 훨씬 나았다. 손빈이 연거푸 승리할 수 있었던 원인은 모두 두 가지이다. 첫째는 융통성 있는 전술이요, 둘째는 지리적 우세 덕분이다. 방연은 이제 알겠느냐? 어떠한 진법이든지 절대 변하지 않는 것이란 없는 법이다. 물이 형태가 없듯이 전쟁 상황도 마찬가지로 항상 변한다는 것을 명심해라. 언제나 이처럼 그때그때 상황을 살펴서 융통성 있게 전술을 펼쳐야 비로소 승리할 수 있는 법이니라."

귀곡자는 어떤 일이든 지나치게 틀에 얽매여서는 안 된다고 생각했다. 그는 원칙을 견지하면서도 상황에 따라 임시변통할 수 있어야 한다고 주장한 것이다. 귀곡자의 이런 가르침을 가슴 깊이 새긴 손빈은 언제나 융통성 있는 사람이 되고자 노력했다.

손빈이 처음 위나라에 도착했을 때, 위왕은 그가 정말 쓸모 있는 사람인지 시험을 해 보았다. 위왕은 어느 날, 손빈을 궁으로 불러들여 이렇게 말했다.

"그대는 나를 이 옥좌에서 내려오게 할 수 있는가?"

그러자 손빈이 난처한 듯 대답했다.

"그 자리에 불을 내면 어떻겠습니까?"

"그건 안 될 소리지."

잠시 생각에 잠겼던 손빈이 다시 입을 열었다.

"왕께서 자리에서 내려오시게 할 순 없지만, 다시 그 자리에 앉으시도록 할 수는 있습니다."

그의 말을 들은 위왕은 의기양양해져서 말했다.

"좋다. 그대가 나를 어떻게 저 자리에 앉힐 것인지 한번 지켜보도록 하지."

말을 마친 왕은 옥좌에서 일어나 아래로 내려왔다. 신하들은 속으로 손빈을 비웃으며 그의 다음 행동을 주시했다. 그때, 갑자기 손빈이 크게 웃으며 말했다.

"사실 신은 왕께서 다시 자리에 앉으시도록 할 수는 없습니다. 하지만 왕께서는 이미 옥좌에서 내려오셨군요."

그제야 손빈의 뜻을 알아차린 신하들은 침이 마르도록 그의 지혜를 칭찬했다. 그리고 이 일로 손빈을 다시 보게 된 위왕은 그를 중용했다.

이 이야기를 듣고 손빈의 지혜에 감탄하지 않을 사람은 없을 것이다. 손빈의 총명함은 융통성과 깊은 관계가 있다. 위왕을 자리에서 내려오게 할 방법만 생각하는 것처럼, 사람들은 어떤 문제를 해결할 때 항상 일정한 규칙으로 정해진 틀에서 벗어나지 못한다. 하지만 손빈은 '위왕을 자리에서 내려오게 만드는 것'을 뒤집어 생각했기에 문제를 해결할 수 있었다. 많은 심리학자가 발상의 전환과 창의력은 직접적으로 관련된다고 주장한다. 그러므로 우리는 의식적으로라도 발상을 전환해야 하며 창의적인 사고를 키워야 한다. 다시 말하면, 더 창의적이고 융통성 있는 사고를 하며 다양한 각도에서 인식하고 문제를 해결하는 습관을 키워야 한다는 것이다. 세상을 살아가면서 여러 가지 문제를 해결할 때 융통성이 있다면, 막다른 골목에서도 길은 열리게 되어 있다.

역사에서 배우기

저장성浙江省에는 재떨이를 수출하는 회사가 있다. 이 회사의 성공 비결은 바로 고객의 요구에 맞춘 융통성 있는 경영 덕분이었다. 그래서 품질이 우수하고 디자인도 아름다운 이 회사의 제품은 국제 시장에서도 큰 인기를 끌었다. 하지만 언제부터인가 판매 상황이 계속 부진을 면치 못했다. 회사는 서둘러 해외에 사람을 파견해 그 원인을 알아보게 했다. 그 원인은 바로 선풍기 때문이었다. 당시 해외에는 벽걸이형 선풍기가 유행이었는데, 이 회사에서 생산하는 재떨이는 깊이가 얕아 바람만 한번 불었다 하면 곧 재가 날려서 주부들의 불만이 이만저만이 아니었던 것이다. 그래서 이 회사는 즉시 깊이가 깊은 재떨이를 생산하기 시작했고, 물건은 다시 날개돋친듯 팔려나갔다. 그런데 이 회사는 몇 년 후에 또 판매 부진을 겪게 되었다. 그들은 또다시 직원을 파견했고, 이번에도 역시 쉽게 그 원인을 알 수 있었다. 경제가 발전하자 해외의 대부분 가정들은 에어컨을 사용하게 되었는데, 가정주부들은 이제 깊고 용량이 큰 재떨이를 씻는 데 불편함을 느껴서 이 회사에서 생산한 제품을 사용하기를 꺼렸던 것이었다. 그러자 회사는 새로운 디자인의 재떨이를 개발해 출시했고, 금세 소비자의 사랑을 되찾을 수 있었다.

이처럼 사업가들은 시장 상황의 변화에 따라 바로바로 자신을 바꿀 수 있어야 한다. 시장과 경쟁자의 상황에 따라 전략을 결정하는 것은 사업가들이 반드시 갖추어야 할 안목이자 박력이기도 하다.

지략 자체로 보자면, 그것이 지모이든 계책이든 간에 모두 자기만의 형태가 있다. 어떤 것은 '원圓'에 치우치기도 하고, 또 어떤 것은 '방方'을 향해 가기도 한다. 감춰야 할 계책이 있는가 하면 드러내야할 지략도 있고, 길상을 나타내는 것이 있으면 흉조를 보이는 것도 있다. 이렇듯 사물의 종류에 따라 각기 다른 지략을 써야 한다.

귀곡자 · 본경음부

융통성 있게
행동하라

객관적 규칙을 준수하라

"변화무궁變化無窮, 각유소귀各有所歸."

귀곡자 · 패합揑合

만사와 만물의 변화는 모두 무궁하지만 각기 본질적인 규칙이 있다. 대자연은 오묘하고, 모든 생명이 성장하는 과정은 신기함과 엄숙함으로 가득 차 있다. 그리고 모든 일은 일정한 규칙에 따라 움직인다. 이 규칙에 순응하면 성공을 거둘 수 있지만, 반대로 이를 거스르면 반드시 실패할 수밖에 없다.

귀곡자는

「패합」에서 이렇게 말했다.

"만사와 만물의 변화는 모두 무궁하지만, 그들만의 본질적인 규칙이 있다. 특히 만물은 무궁무진하게 변화하지만, 모두 자신만의 돌아갈 곳이 있다. 음에 속한 것이 있으면 양에 속한 것이 있고, 부드러운 것이 있으면 강한 것이 있다. 또, 개방이 있으면 폐쇄가 있고, 느슨함이 있으면 긴장도 있는 법이다."

그리고 귀곡자는 「지추持樞」에서 이렇게 말하기도 했다.

"봄에 씨를 뿌리면 여름에 곡식이 자라나 가을에 이를 수확하고 겨울에 저장하는 것은, 천시(天時, 때를 따라서 돌아가는 자연현상-역주)의 정상적인 규칙이다. 그래서 인간이 함부로 자연 규칙을 어기거나 거슬러서는 안 된다. 자연의 규칙을 어기면, 설사 성공을 거두었다 하더라도 결국에는 실패할 수밖에 없다. 군주에게도 일정한 규율이 있으니, 바로 백성의 생산 활동을 조직하고 만민을 교육하고 돌보며 이들이 수확하고 저장할 때에도 그 규율을 위반하지 않게 하는 것이다. 만약 이러한 규율을 어기면, 겉으로는 강해졌을지 몰라도 나중에는 반드시 쇠약해지고 만다. 그것이 바로 사회 발전의 객관적인 규율이며 치국의 기본인 것이다."

옛 사람들은 해가 뜨면 일을 하고, 해가 지면 쉬었다. 대자연에서 살아가는 사람이라면 이처럼 자연의 규칙을 따르며 순응해야 하고, 자연과 발걸음을 맞추려 노력해야 한다. 대자연은 오묘하고, 모든 생명이 성장하는 과정은 신기함과 엄숙함으로 가득 차 있다. 이들은 때가 되면 저절로 성장의 다음 단계를 밟아간다. 예를 들어, 껍데기 속에서 기나긴 고통의 시간을 보낸 나비는 마침내 그것을 뚫고 나와 햇살 아래에서 춤추듯 꽃들 사이를 날아다니기 마련이다. 마찬가지로, 무슨 일을 하든 그 객관적인 규칙을 따르면 반드시 성공하게 되어 있다. 그러나 반대로 이를 따르지 않으면, 실패하리라는 것은 불 보듯 뻔하다.

귀곡자의 수제자인 소진과 장의는 세 치 혀로써 제후국들을 설득할 때도 모두 천지의 도에 따랐기에 자신들의 임무와 인생의 가치를 실현해 나갈 수 있었던 것이다. 세상만물은 저마다 규칙이 있고, 그 규칙에 따라 순환하는 것이 바로 발전의 보편적인 규율이다. 규율은 사물이 움직이는 과정에서 존재하는 고정적인 연계성으로, 이는 규율의 객관성을 나타내기도 한다. 이렇듯 규율은 객관적이며, 다시 말하면 그 존재와 발생 과정에 인위적인 힘을 가해 마음대로 변화시킬 수 없다는 것을 의미한다. 춘추 전국 시대에 순자荀子도 또한 이와 같은 말을 남겼다.

"천하에는 절대 변하지 않는 규칙이 있다. 그것은 요堯임금을 흥하게 하는 것도 아니요, 걸桀임금을 망하게 하려는 것도 아니다. 하늘은 사람이 추위를 싫어한다고 해서 겨울을 없애지 않고, 땅은 사람이 거리가 먼 것을 싫어한다고 해서 면적을 줄이지 않는다."

그의 말은 자연의 법칙이 인간의 의지에 따라 바뀔 수 없음을 나타내는 것이다. 다시 말해, 이 세상을 살아가려면 하늘의 도에 순응하며 천천히 전진해야 한다는 것이다. 그것이 바로 성공에 이르는 지혜이다. 자신의 일에서 성공을 거두고 싶다면, 객관적인 규칙에 따라 일을 처리하며 한발 한발 성실하게 나아가야만 한다는 것을 잊지 말라.

역사에서 배우기

상나라 말엽에 주紂왕이 폭정을 하여 백성들이 도탄에 잠겼다. 그때 서쪽 지역에 있는 주나라는 문왕의 통치하에 나날이 강대해져 갔다. 그러던 중에 주 문왕이 죽자 그의 아들 희발이 즉위해 무왕이 되었는데, 무왕은 왕좌에 앉은 후 줄곧 상나라의 주왕을 없앨 기회만 엿보고 있었다. 우선 적의 허실을 살펴보기로 한 그는 계속해서 상나라에 정탐꾼을 보냈다. 얼마 지나지 않아 정탐을 마친 병사가 돌아와 왕에게 보고했다.

"상나라는 지금 큰 혼란에 빠져있습니다."

그러자 무왕이 되물었다.

"얼마나 혼란스러우냐?"

"사악한 무리가 어진 이보다 더 대접을 받습니다."

하지만 무왕은 고개를 저으며 말했다.

"아직은 때가 아니다."

그러고 나서 얼마 후, 다른 병사가 정탐 임무를 마치고 돌아와 말했다.

"상나라의 혼란이 더욱 심해졌습니다."

"얼마 만큼이냐?"

"어진 선비들이 나라를 버리고 도망치고 있습니다."

하지만 무왕은 또 고개를 저으며 말했다.

"아직도 때가 아니다."

또 얼마 후에 세 번째 병사가 돌아와 말했다.

"상나라의 혼란이 극에 달했습니다."

"어느 정도인지 말해 보거라."

"백성들은 불만이 있어도 감히 입 밖으로 꺼내지도 못합니다."

그 말을 들은 무왕의 얼굴에는 금세 화색이 돌았다.

"그렇지! 이제 때가 온 듯하구나! 악인이 현인을 이기는 것은 폭동이라

하며, 어진 이들이 나라 밖으로 도망치는 것은 붕괴라 한다. 그리고 백성들이 불만을 함부로 이야기하지 못하는 것은 법이 너무 가혹하기 때문이며, 상나라는 이제 그 혼란이 극에 달한 것이다. 지금이야말로 군사를 일으킬 최적의 시기로다."

주 무왕은 용맹한 무사를 선봉으로 삼아 전차 300대를 이끌고 목야(牧野)로 출병할 것을 명령했다. 이 목야 전쟁에서 상나라는 멸망했고, 주나라가 천하를 통치하게 되었다.

상나라의 주왕은 잔인하고 포악한 정치로 백성들의 원성이 자자했기에 주 무왕이 그를 죽인 것은 하늘의 뜻과 민심을 따른 것이라고도 할 수 있다. 게다가 무왕은 상을 멸망시키기 전에 이미 충분한 준비 작업을 벌였다. 우리는 여기에서 무왕의 행동은 분명 하늘의 도를 따른 것이며, 그 준비 작업 또한 순서에 따라 점진적으로 진행되었다는 것을 알 수 있다. 그러나 주왕을 통해서는, 하늘의 도에 역행하면 아무리 부유하고 영예로운 지위에 있다고 할지라도 곧 그 모든 것을 잃게 된다는 객관적인 규칙을 터득할 수 있다.

지추란 봄에 씨를 뿌리면 여름에 곡식이 자라나 가을에 이를 수확하고 겨울에는 저장하는 천시의 정상적인 운용을 말한다. 천시가 운용되는 이러한 도리는 인간이 간섭해서도, 거슬러서도 안 된다. 이를 거스르는 자는 잠시 성공을 거두더라도 나중에는 반드시 실패하고 만다.

귀곡자·지추

객관적 규율을
준수하라

왕성한 정력을 잃지 말라

"이지지지而知之者, 내수련이지지內修煉而知之, 위지성인謂之聖人."

귀곡자 · 본경음부本經陰符

큰 도리를 깨우친 사람, 고난으로 내면을 닦은 사람을 바로 '성인'이라 부른다. 왕성한 정력을 유지하는 것은 매우 중요하다. 그것은 건강하다는 표현이자 성공을 이루는 데 전제 조건이 되기 때문이다. 하루 종일 축 처져 있기만 한 사람은 다른 사람에게 큰일을 해낼 수 있을 것이라는 믿음을 심어주기 어렵다.

「본경음부」

중에는 '성신盛神' 편이 있다. '성盛'은 왕성하고 충만함을 가리키고, '신神'은 정력과 정신을 뜻한다. 다시 말하면, 성신이란 왕성한 정력을 가리키는 것이다. '성신술盛神術'은 왕성한 정력을 유지함으로써 인생을 생기 넘치게 하고 정신을 충만하게 하는 자아 수련방법의 하나이다. 귀곡자는 건강한 정신을 가진 사람은 언제나 최적의 상태를 유지해 어떤 일이든 열정적으로 임할 수 있다고 주장했다. 실제로, 정력이 강하고 약한 정도는 우리의 건강과 발전에 커다란 영향을 미치고 있다. 그렇다면 어떻게 해야 왕성한 정력을 유지할 수 있을까?

(1) 최적의 수면 상태를 유지하라

굳이 긴 시간 잠을 잘 필요는 없다. 비록 짧은 시간이더라도 깊은 수면을 취할 수만 있다면 충분히 정력을 충전할 수 있다. 항상 저녁 11시 이전에 잠자리에 들고 아침 6시에 일어나는 습관을 들이라. 낮잠은 밥을 먹고 30분 정도가 지난 후가 가장 좋고, 그 시간은 30분 정도가 적당하다. 피로할 때는 그때그때 반드시 쉬도록 하라.

(2) 영양 상태에 신경 쓰라

일시적인 영양 불균형은 건강에 큰 영향을 미치지 않지만, 이것이 계속되면 건강을 심각하게 해칠 수도 있다. 충분한 영양을 섭취하면 정신 역시 건강해진다.

(3) 꾸준히 운동하라

운동은 적어도 30분에서 1시간, 그리고 그렇게 일주일에 3번 정도는 해야 한다. 과중한 업무에 시달려 몸이 허약한 사람은 소화불량 같은 잔병을 달고 산다. 이런 사람은 큰일이나 집중력을 요하는 일을 감당하기가 힘들다. 속도가 빠르고 강도가 높아 온 힘을 다해 매달려야만 하는 일이라면, 건강한 체력이 밑받침되어야만 비로소 자신의 잠재 능력을 충분히 발휘하며 여유 있게 처리할 수 있다.

⑷ 건강한 마음 상태를 유지하라

왕성한 정력을 위해서는, 항상 건강한 심리 상태와 정서를 유지해야 한다. 감정 상태를 안정적으로 유지하고 부정적인 생각을 없애면 실제로 마음은 더욱 즐거워지고 정력도 충만해진다.

⑸ 과도한 피로는 금물이다

며칠 동안 계속해서 피로가 쌓이면 그다음 얼마간의 정신 상태에 큰 영향을 미칠 수밖에 없다. 매일 왕성한 정력을 유지하려면 피로가 과도하게 쌓이는 상황은 피하라.

⑹ 호흡에 신경 쓰라

제대로 하는 호흡은 심신 건강에 큰 도움이 된다. 매일 열 번에서 열다섯 번 정도 호흡을 깊게 들이마시라. 그리고 피로하거나 긴장했을 때도 깊은 호흡을 몇 번씩 해주는 것이 좋다. 이럴 때는 될 수 있으면 복식 호흡을 하도록 한다. 물론, 호흡은 가볍고 규칙적이어야 한다.

⑺ 자신이 좋아하는 일을 하라

사람은 자신이 좋아하는 일을 하면 더 즐겁고 흥분되기 마련으로, 이는 왕성한 정력을 유지하는 데도 큰 도움이 된다. 힘이 좀 달리더라도 무언가를 계속하고 싶다면 자신이 좋아하는 일을 하라. 그렇게 하면 일에 열정과 주의력을 더욱 크게 키울 수가 있다. 아니면, 다른 간단한 일을 해서 잠시 몸과 마음을 느슨하게 하는 것도 괜찮다.

(8) 좋은 친구를 사귀라

좋은 친구를 사귀고 그 사람과 생활을 공유해 보는 것도 괜찮다. 사실, 비관적인 사람과 함께 있으면 자신의 마음 상태도 금세 비관적으로 바뀌고 만다. 이는 심신 건강에 악영향을 미칠 뿐 아니라 정력을 감소시키기도 하므로 피하는 것이 좋다.

역사에서 배우기

1879년 3월 14일에 독일의 울름Ulm에서 태어난 아인슈타인Albert Einstein의 아버지는 전기기술자였다. 그래서인지 어려서부터 과학을 좋아한 아인슈타인은 공부 말고도 취미가 다양했다. 아인슈타인이 15살 되던 해에 그와 가족들은 모두 독일을 떠나 이탈리아로 가게 되었다. 훗날 그는 스위스의 취리히 연방공과대학에 입학했다. 학교생활은 긴장의 연속이었지만 그는 언제나 짬을 내어 산보를 했고, 쉬는 날에는 수영을 하거나 배를 탔다. 아인슈타인의 이러한 취미는 그의 학습 효율을 높이는 데도 큰 도움이 되었다. 그는 언제나 다른 사람들에게 이렇게 말했다.

"공부하는 시간은 상수지만, 그 효율은 변수라네. 그러니 맹목적으로 학습 시간을 늘리는 것은 현명하지 못한 일이지. 가장 중요한 건 학습 효율을 높이는 것이야."

그는 신체 활동을 활발하게 하면 맑은 정신 상태를 유지할 수 있다고 믿었다. 아인슈타인은 이러한 경험을 바탕으로 나중에 'X =A+B+C'라는 공식을 만들어냈다. 여기에서 X는 성취를, A는 노동을, B는 휴식과 활동을, 그리고 C는 쓸데없는 말을 하지 않는 것을 뜻한다. 그는 이 공식에 내포된 뜻을 이렇게 설명했다.

"일과 휴식은 성공으로 가는 계단이며, 시간을 아끼는 것은 성공에 이르려면 반드시 갖추어야 할 중요한 조건이다."

아인슈타인의 재능은 오히려 중년에 접어든 뒤에 더욱 빛났고, 그의 업적은 더욱 위대해졌다. 수많은 나라에서 강의 요청이 쇄도했는데, 예를 하나 들어보자면 벨기에의 왕과 왕비는 자국을 방문하는 아인슈타인을 접대하고자 특별위원회를 만들기도 했다고 한다. 그가 벨기에를 방문하던 날, 기차역에는 색색의 아름다운 등불과 함께 북소리가 울려 퍼졌고, 저마다 단정하게 차려 입은 관료들이 곧 도착할 위대한 과학자를 환영하려고 준비하고 있었다. 이윽고 기차가 도착하고 손님들이 하나둘 내리기 시작했는데, 어찌된 일인지 아인슈타인의 모습은 그 어디에도 보이지가 않았다. 사실, 그는 벌써 기차에서 내려서 수많은 환영 인파를 제치고 왕궁까지 걸어가고 있었다. 이번 접대의 모든 책임을 맡은 담당자는 아인슈타인을 만나지 못하자 다급하게 이를 왕에게 보고했다. 그때 마침, 아인슈타인이 온갖 고생을 다 겪은 듯한 모습으로 궁에 나타났다. 그의 모습을 본 왕비는 의아해하며 물었다.

"왜 제가 보낸 차를 타지 않고 기어이 걸어오신 건가요?"

그러자 아인슈타인이 웃으며 말했다.

"부디 이상하게 생각지 말아주십시오. 저는 평소에도 걷는 걸 좋아한답니다. 운동은 저에게 무한한 즐거움을 주거든요."

아인슈타인은 나중에 노인이 되어서도 부지런히 몸을 움직였다. 그는 꽃을 심고 물을 주거나 가지를 치는 등의 소일거리를 즐겼고, 친구들과 함께 등산을 자주 하며 몸과 마음을 단련했다. 한번은, 퀴리 부인과 두 딸을 대동하고 스위스의 엥가딘 지방으로 빙하 탐험을 떠나기도 했다. 그가 식량을 담은 가방을 메고 나무 지팡이를 든 채 가벼운 걸음으로 빙산을 오르는 모습은 마치 젊은이나 다름없었다고 한다. 그때부터 사람들은 그를 '노년의 운동가'라고 불렀다.

아인슈타인은 학업과 일에서 오는 긴장 속에서도 늘 짬을 내어 등산이나 자전거 타기, 산보와 같은 취미 생활을 즐겼다. 어떤 사람은 아인슈타인이 일하는 모습을 보고 "마치 미친 사람처럼, 모든 정력을 다 써버릴 듯 일에 빠져 있다"고 말했다. 아마 아인슈타인이 보여준 무한한 정력은 적당히 휴식을 취하고 끊임없이 신체를 단련한 결과일 것이다.

정신력이 왕성한 사람은 신체의 오장이 모두 튼튼하다. 오장의 기氣란, '신神', '혼魂', '백魄', '정情', '지志'를 가리키는데, 그중에 제일은 신이다.

귀곡자·본경음부

왕성한 정력을
잃지 말라

욕망을 절제하라

"지지志者, 욕지사야欲之使也."

귀곡자 · 본경음부本經陰符

소위 말하는 '심지心志'는 욕망의 사자使者이다.

인간은 욕망의 주인이나, 욕망이 지나치면 그것의 노예가 될 수밖에 없다. 욕망의 절제는 현대를 살아가는 우리에게도 매우 중요한 내용이다. 욕망이 없는 사람은 없으나, 사실 우리는 자신이 바라는 것을 어느 정도 절제할 필요가 있다. 사람들이 항상 조급해 하는 것도 바로 지나친 욕망 때문이다.

귀곡자는

"의지를 키우는 방법은 영귀靈龜에게 배우라"고 말했다. 여기에서 말하는 영귀란 바로 영험한 거북이를 뜻한다. 옛날 사람들은 거북이를 이용해 길흉화복을 점쳤다. 남조의 문학가 도홍경陶弘景은 이를 "지자志者는 시비를 살피고, 귀자龜者는 길흉을 안다. 그러므로 의지를 키우고자 하면 영험한 거북이에게 이를 배우라고 했다"라고 표현했다. 「본경음부」에서 귀곡자가 말한 '지志'란, 욕망을 절제

150

하는 능력을 가리킨다. 다시 말해서, '양지'란 욕망을 다스리는 능력을 키운다는 의미이다. 귀곡자는 이어 이렇게 말했다.

"심지는 욕망의 사자이다. 원하는 것이 많으면 마음이 산란해지고, 마음이 산란하면 의지가 약해지며, 의지가 약해지면 생각하는 바를 이룰 수 없다. 그러므로 마음을 다스리면 배회하지 않고, 배회하지 않으면 의지가 약해지지 않으며, 의지가 약해지지 않으면 생각한 바를 이룰 수 있다."

귀곡자가 강조한 욕망의 절제는 현대를 살아가는 우리에게도 매우 중요한 내용이다. 욕망이 없는 사람은 없으나, 사실 우리는 자신이 바라는 것을 어느 정도 절제할 필요가 있다. 사람들이 항상 조급해 하는 것도 바로 지나친 욕망 때문이다. 명말청초에 만들어진 『해인이解人頤』에서 우리는 욕망을 날카롭게 표현한 저자의 견해를 살펴볼 수 있다.

"한겨울에 찬바람이 불어 닥치면 배고픔을 걱정하고, 배가 부르면 입을 것을 생각하네. 먹고 입는 것을 모두 채우면 아리따운 아내를 얻고 싶은 법. 미인을 얻어 아들을 낳고 나면 힘써 일굴 땅 하나 없는 것이 한스럽구나. 넓은 논밭을 손에 넣으면 배와 말이 없음을 아쉬워한다. 노새와 말이 있으면 관직에 오르지 못해 업신여김 당하는 것을 한탄하는구나. 관직에 오르면 그 직위가 높지 않은 것을 부끄러워하고, 또 권신權臣이 되고 나면 결국 임금의 옷을 입으려 하네."

사람의 욕심에 끝이 없다는 말은 전혀 틀린 이야기가 아니다. 그러나 욕망을 절제하지 못하는 사람은 결국 자아를 잃고 욕망의 노예가 되어 버리고 만다. 그래서 우리는 평소에도 끊임없이 욕망을 억제해야 하며, 언제나 평상심을 유지할 수 있어야 한다. 유혹에 맞서 자신의 방향을 잃지 않고 그 본질을 꿰뚫으며 인내할 수 있다면, 그리고 청빈한 마음을 유지하며 고독과 유혹을 참고 자신을 이겨낼 수 있다면, 사랑하는 사람을 괴롭게 하고 나의 적을 기쁘게 하는 일은 결코 벌어지지 않을 것이다.

역사에서 배우기

아랍의 어느 나라에서 일어난 일이다. 한 이맘(Imam, 이슬람 교단의 지도자-역주)이 동굴에서 수도를 하고 있는데, 갑자기 부상을 입은 사슴 한 마리가 동굴 안으로 뛰어 들어왔다. 그리고 곧이어 동굴 밖에 말을 탄 한 무리의 사람들도 보였다. 사슴은 사냥을 나온 왕의 화살에 맞아 부상을 당한 것이었다. 서둘러 사슴을 숨겨준 이맘은 왕의 부하들이 매섭게 추궁해도 절대 입을 열지 않았다. 그러자 화가 난 부하들은 이맘을 죽이겠다고 협박까지 했다. 하지만 이맘은 여전히 태연한 얼굴로 말했다.

"그대들의 국왕은 내 노예의 노예로다."

이 말을 듣고 크게 화가 난 병사들이 칼을 빼들고는 그의 목을 치려고 했다. 그때 마침 국왕이 동굴 안으로 들어오자, 이맘은 계속해서 말을 이어 나갔다.

"예전에 나는 욕망의 노예였지만, 이제는 수도를 하여 다시는 욕망의 지배를 받지 않게 되었소. 그러니 이제는 욕망이 나의 노예가 된 것이오. 그런데 국왕의 지위에 있는 그대는 온통 욕망에 사로잡혀 한낱 사슴 한 마리를 놓아주지 않으려 하니, 그대를 욕망의 노예가 아니라 할 수 있소?"

이맘의 말을 들은 국왕은 그제야 그 현묘한 이치를 깨닫고, 조용히 병사들을 물러가게 했다.

사람은 추워지면 따뜻한 옷을 찾게 되고, 배가 고프면 먹을 것을 떠올린다. 살아가려면 반드시 욕망이 있어야 하는 것이다. 하지만 절대 그것이 지나쳐서는 안 된다. 그렇지 않으면 쉽게 욕망의 노예가 되어버리기 때문이다. 그런 상황에 이르면 내 의지가 아닌 욕망이 움직이는 대로 따르는 수밖에 없다.

의지를 키우는 것 중에 가장 큰 임무는 바로 자신을 안정시키는 것이다. 마음을 안정시키면 뜻은 자연히 견고해지는 법이다.

귀곡자 · 본경음부

욕망을
절제하라

24

평정심을 유지하라

"심욕안정心欲安靜, (…) 심안정즉신명영心安靜則神明榮.

귀곡자 · 본경음부本經陰符

마음의 평정을 유지해야 한다. (…) 마음이 편안해지면 정신이 맑아진다.
평정심은, 수양과 도덕 그리고 영혼 깊은 곳에서 우러나는 고귀한 인격을 상
징한다. 평정심은 전쟁을 평화로 바꿀 수 있을 만큼 중요한 것이다. 이렇게만
할 수 있으면 마음이 더욱 넓어져 더 많은 것을 품을 수 있으며 사고는 훨씬 유
연해진다.

귀곡자는

무엇보다도 평정심을 중요하게 생각했다. 그래서 "마음이 편해지
면 정신까지 맑아진다"고 한 것이다. 그는 사람이라면 누구나 평정
심을 가져야 한다고 생각했다. 이렇게만 할 수 있으면 마음이 더욱
넓어져 더 많은 것을 품을 수 있으며 사고는 훨씬 유연해진다. 또, 기
억은 더욱 새로워지고 감정은 더 세심해지며 더 많은 것을 인식할
수 있다.

⑴ 자아인식

평정심은 자아인식 면에서 자아의 본질을 파악하고 인생을 반성하는 데 큰 도움이 되고, 이를 통해 망상을 없애고 인생을 더욱 완벽하게 만들어 수양이 경지에 이를 수 있게 한다.

⑵ 마음의 지혜

대외적인 일이 복잡해지거나 혹은 자기 내부의 번뇌 때문에 평소에는 잘 알던 내용도 기억이 나지 않는 경험을 누구나 한 번쯤은 해 보았을 것이다. 반대로, 아주 조용한 곳에 있거나 마음이 편안할 때는 이미 잊었던 일이 갑작스럽게 떠오르기도 한다. 이처럼 외부와 외내부 환경에 따라 그 결과가 확연하게 차이 난다는 것을 알 수 있다. 그래서 늘 평정심을 유지하는 사람이라면 일시적인 영광이나 모욕, 혹은 이해관계에 좌우되지 않는다.

⑶ 처세

인생 선배들은 사회 초년생에게 냉정한 마음을 늘 유지해야 한다고 강조한다. 냉정함을 갖춘 사람은 어떤 돌발적인 일이 닥치더라도 항상 정확하게 판단하고 민첩하게 행동할 수 있고, 자신의 지혜를 충분히 발휘해 내기 때문이다. 그래서 냉정함은 때로 지혜와 우둔함을 나누는 기준이 되기도 한다.

⑷ 대인 관계

평정심을 갖춘 사람은 언제나 태도가 겸손하고 말을 온화하게 해서 상대방에게 좋은 인상을 남겨 준다. 그리고 이런 점은 문제를 해결하는 데도 큰 도움이 된다. 귀곡자는 이렇게 말했다.

"오장 육부가 편하면 정신과 혼은 더욱 견고해져 변하지 않게 된다. 그렇게 되면 자신을 반성할 수 있고 다른 사람의 의견을 귀담아듣게 되어 마음이 안정된다."

이처럼 평정심을 갖춘 사람은 더 먼 곳을 내다보고 더 깊이 생각할 수 있다. 이것은 결코 성인의 전유물이 아닌 모든 사람이 갖춰야 할 지혜라는 것을 명심하라.

역사에서 배우기

옛날에 성격이 무척 급해 무슨 일을 하든지 늘 실패하는 사람이 있었다. 그래서 그는 이런 나쁜 습관을 바꾸고자 자신의 오른쪽 손바닥에 펜으로 '정靜'이라는 글자를 하루도 빠뜨리지 않고 매일 써넣었다. 그리고 마음이 급해질 때면 항상 오른쪽 손바닥을 펼쳐보며 자신의 마음을 다잡았다. 또, 그는 틈이 날 때마다 운동을 하거나 야외로 나가 스트레스를 풀기 시작했다. 그러자 얼마 후에 그의 노력이 점점 효과를 나타내기 시작했다. 그는 이제 다시 손바닥에 글씨를 쓰지 않아도 됐다. 자신을 절제하는 것이 이미 습관으로 굳어졌기 때문이다. 모든 일의 사리가 분명해지자 그를 따르는 사람들도 점차 많아졌고, 그 자신 역시 항상 평정심을 지니게 될 수 있게 되었다.

평정심은 예부터 지금까지 수많은 문인과 학자들이 추구해 온 미덕이자, 지자들이 수양을 위해 선택했던 것이기도 하다. 도연명陶淵明의 '채국동리하采菊東籬下'에서 나타나는 유유자적함, 이백李白이 '거배요명월擧杯邀明月'에서 보여준 소탈함은 모두 잔잔한 호수에 떠 있는 배와 같은 평정심을 나타낸다.

뜻을 안정시키면 마음도 그에 따라 안정시킬 수 있다. 그러면 그 행동은 모두 틀림이 없게 되며 정신은 더욱 큰 평정을 찾게 된다.

귀곡자 · 본경음부

평정심을
유지하라

장점은 취하고, 단점은 버리라

"지자불용기소단智者不用其所短, 이용우인지소장而用愚人之所長."

귀곡자 · 권權

지혜로운 사람은 자신의 단점을 쓰지 않고, 우둔한 사람의 장점을 이용한다. 사람은 누구나 장점과 단점이 있으나, 그중에 장점은 취하고 단점을 버릴 줄 아는 사람이 성공할 수 있다. 이런 사람은 무슨 일을 하든 순조로울 수 있다. 장점을 취해 단점을 보충하면 그 각각은 더욱 완벽해지게 된다. 장점을 발견했으면 반드시 크게 키워야 한다. 하지만 또, 자신의 장점만 믿고 안하무인으로 굴어서도 안 된다.

귀곡자는

이렇게 말했다.

"현명한 자는 자신의 단점을 쓰지 않고 우둔한 자의 장점을 이용하며, 자신이 못하는 것을 하지 않고 우둔한 사람의 뛰어난 점을 취한다. 그래서 무슨 일을 하든지 순조로울 수 있다."

귀곡자는 단점을 버리고 장점을 취하는 이러한 태도가 아주 중요한 처세 원칙이라 생각했다.

재미있는 옛날이야기를 하나 들어 보자. 어느 날, 장님 한 명이 집을 나섰는데 길이 울퉁불퉁해 고생이 이만저만이 아니었다. 그러다가 때마침 절름발이를 만난 장님이 애원하듯 말했다.

"노형, 이 눈먼 놈이 불쌍해 보인다면 길을 좀 안내해 주지 않으려오?"

그러자 절름발이가 대답했다.

"나 역시 다리 한 쪽을 절어 지팡이를 짚고 다니는 터라 돕고 싶어도 그게 쉽지가 않소! 그런데 노형은 꽤 건강해 보이는구려."

"그럼요. 내가 이래봬도 몸 하나는 건강하다오. 내가 앞을 볼 수만 있다면 걷는 것쯤은 아무것도 아닐 텐데."

그러자 절름발이가 좋은 생각이 났다는 듯 말했다.

"그러지 말고, 우리 이렇게 한번 해 봅시다. 그대가 나를 업는 거요. 그러면 나는 노형의 눈이 되고, 노형은 나의 발이 되는 게지요."

그 말을 듣자 장님 역시 무릎을 치며 말했다.

"그거 참 좋은 생각이오. 한번 해 봅시다!"

그리고 장님은 말을 마치기가 무섭게 절름발이를 들쳐 업었다. 이렇게 두 사람은 서로 각각 눈과 다리가 되어 즐겁고 편하게 길을 갈 수 있었다.

이는 짧은 이야기지만, '장점을 취하여 단점을 보충하는 것'이 얼마나 중요하고 유익한지 충분히 보여준다. 세상일도 이와 마찬가지이다. 서로 다른 관점에서 보면, 어떤 일이든 모두 장점과 단점이 있게 마련인 것이다. "지혜로운 자가 천 번을 생각해도 실수는 반드시 있고, 우둔한 자가 천 번을 생각하면 반드시 얻을 것 하나는 있

다"라는 이야기처럼 말이다. 이처럼 장점을 취해 단점을 보충하면
그 각각은 더욱 완벽해지게 된다. 앞에서도 말했듯이 사람은 누구
나 장점과 단점을 동시에 갖고 있다. 중요한 것은 바로, 그것을 어떻
게 대하느냐는 것이다. 주변을 둘러보면, 자신의 장점을 자랑하고
타인의 단점을 비웃는 사람들이 있다. 이런 사람은 지나친 자신감
으로 결국 실패하거나, 타인을 무시하는 태도로 냉대를 받기 마련
이다. 장점을 발견했으면 반드시 크게 키워야 한다. 하지만 또, 자신
의 장점만 믿고 안하무인으로 굴어서도 안 된다. 반면에 우리는 언
제나 단점을 극복하고자 노력해야 한다. 그리고 단점을 감추거나
다른 사람의 충고를 무시해서도 안 된다. 귀곡자는 "우리는 항상 어
떻게 해야 과연 자신에게 유리하며 자신의 장점을 살릴 것인지를
토론한다. 또, 어떻게 하면 해로움을 피하고 단점을 극복할 수 있
을지도 연구한다"고 말하기도 했다. 일상생활에서도 장점을 취해
단점을 보충하는 방법을 통해야 자신이 발전할 수 있다는 것을 잊
지 말라.

역사에서 배우기

전국 시대에 조나라와 이웃한 유목 민족 동호^{東胡}와 서호^{西胡} 등의 나라
는 말타기와 활쏘기에 능했다. 그래서 이들은 걸핏하면 조나라와 마주한
국경 지대에 기마병을 보내 재물을 빼앗고 사람을 납치해 가는 등 조나라

에 혼란을 일으켰다. 당시 흉노와 진秦나라로부터 끊임없이 위협을 받던 조나라는, 여전히 전국 시대에나 사용하던 병차(兵車, 전쟁할 때 타는 수레, 전차 戰車-역주) 위주의 전법을 펼쳤다. 그래서 기동력을 자랑하는 흉노의 기마병은 물론 당해낼 수 없었고, 진나라에게도 이에 저항할 힘이 없었다. 이런 상황이 계속되자 조나라의 무령왕武靈王은 위기를 극복하고 나라의 힘을 키우고자 '호복기사胡服騎射'라는 개혁을 시행하기로 결심했다. 군사 개혁인 호복기사는 소매가 넓은 기존의 윗도리 대신에 활동성이 좋은 소매가 짧고 좁은 옷을 입고 전차 대신에 말을 타는 것으로, 복식과 싸우는 방법을 오랑캐처럼 바꾸는 것을 가리킨다. 하지만 이러한 개혁은 곧 그동안의 관습에 젖은 대신들의 강한 반대에 부딪히고 말았다. 심지어 무령왕의 삼촌 공자성公子成은 아예 병을 핑계 대고 조정에 얼굴을 내비치지도 않았다. 그는 오랑캐의 복식을 따라하고 그들을 배우는 것은 선조를 버리는 대역무도한 짓이나 다름없다고 생각했다. 그래서 무령왕은 어쩔 수 없이 직접 공자성을 찾아가 개혁의 중요성을 설명했다.

"병력이 강하지 않으면 변경을 지킬 수 없고, 나라가 강하지 않으면 적을 막을 수 없습니다. 하지만 그동안 옛것만 고집한 나머지 선왕께서 치욕을 당하셨지 않습니까! 벌써 그것을 잊으신 겁니까?"

결국 공자성을 설득한 무령왕은 그에게 호복을 하사하면서 그 옷을 입으라고 명령했다. 또, 무령왕 자신도 소매가 짧은 옷을 입고 허리띠를 맸으며 가죽 채찍과 활을 들고 말에 올랐다. 과연, 무령왕의 개혁은 효과를 나타내 조나라의 국력은 나날이 강해졌다. 그래서 무령왕은 곧 중산국中山國을 멸망시키고 북쪽의 임호林胡, 누번樓煩, 동쪽의 연, 제와 연합해 서쪽의 진나라에도 대항할 수 있었다. 이렇듯 조나라가 천하에 그 위용을

떨치자 다른 나라들도 앞 다투어 조나라를 따라 옛 병법을 개혁하기 시작
했다.

이 '호복기사' 이야기는 우리에게 우물 안 개구리가 되어서
는 안 된다고 경고한다. 어떤 시대를 살아가는 사람이든 깊
이 생각해야 할 말이다. 대신, 우리는 용감하게 장점을 취해 단점을 보충할
수 있어야 한다. 조나라의 무령왕은 자신의 단점을 잘 알았다. 조나라 병사
들의 옷은 사실 소매가 너무 길고 넓어서 평소에도 길을 걷는 것이 불편할
정도였다. 그러니 전쟁에서는 어떨지 보지 않아도 뻔했다. 그런 상황에서
그는 항상 자기 나라의 국경을 침범하는 오랑캐의 복장과 전술상 장점을
보게 된 것이다. 그는 용감하게도 적을 스승으로 삼고 소수 민족의 장점을
배워 자신들의 단점을 보완할 수 있었다. 훗날에 조나라는 전국 시대의 칠
웅七雄의 하나가 될 수 있었다.

 지혜로운 사람은 자신의 단점을 쓰지 않고 우둔한 자의 장
점을 이용하며, 자신이 못하는 것을 하지 않고 우둔한 사람
의 뛰어난 점을 취한다. 그래서 무슨 일을 하든지 순조로울 수 있다.

귀곡자 · 권

장점은 취하고,
단점은 버리라

진흙탕 속의 물고기, 그 생존 방법을 배우라

"세 무가 저世無可抵, 즉심음이대시則深隱而待時, 시 유가 저時有可抵, 즉위지모則爲之謨."

귀곡자 · 저희抵巇

세상살이에 '저희抵巇'가 필요하지 않을 때는 자신을 숨기고 때를 기다리라. 그리고 '저희'가 필요할 때에는 적극적으로 세상에 뛰어들어 지략을 펼치라. 니어(泥魚, 진흙탕에서 사는 물고기)는 가뭄이 오면 곧바로 서식할 곳을 찾아 몸을 숨긴다. 그러다가 우기가 오면 다시 모습을 드러낸다. 우리는 이러한 니어의 생존 방법을 배울 필요가 있다.

귀곡자는

이렇게 말했다.

"세상살이에 '저희'가 필요하지 않을 때는 자신을 숨기고 때를 기다리고, '저희'가 필요할 때는 적극적으로 세상에 뛰어들어 지략을 펼치라."

여기에서 말하는 '저抵'는 막는 것을, '희巇'는 틈을 말한다. 그러니까, '저희'란 원래 뚫린 곳을 막는 것을 뜻한다. 다시 말해, 결점을 가려 실패를 막는다는 의미인 것이다. 귀곡자는 바로 이 니어의 생존 방법을 예로 들어 비유했다. 니어는 중국의 고대 문헌 속에 등장하는 물고기이다. 물고기이니까 니어도 당연히 물속에 산다. 가뭄이 오면 물고기들은 목숨을 걸고 물이 좀 더 많을 곳을 찾아다니다가 결국 거의 다 죽고 마는데, 니어는 절대 당황하지 않고 먼저 주변을 살펴본 다음에 몸을 오래 숨길만 한 진흙탕을 찾아낸다. 그리고 그곳에서 마치 겨울잠을 자듯이 꼼짝도 하지 않고 건기를 보낸다. 이러한 특수한 생존 본능이 있는 니어는 길게는 무려 반년을 진흙 속에서 보낼 수 있다고 한다. 그래서 그 혹독한 가뭄에도 살아남을 수 있는 것이다. 다시 우기가 찾아와 강물이 불어나면, 그야말로 니어의 황금기가 찾아온 것이라 해도 과언이 아니다. 니어들은 이때 적극적으로 세상에 뛰어들 준비를 하고 진흙 속에서 빠져나와 물속으로 뛰어든다. 그리고 이미 죽어 버린 물고기를 먹이로 삼아 니어들은 더욱 빠르게 번식한다. 결국 니어가 호수의 통치자가 되는 것이다.

이런 점에서는 사람도 니어의 이러한 생존 비결을 배울 만하다. 우리가 살아가는 현실에서는, 득세를 할 당시에는 모든 일이 순조롭지만 실세를 하면 아무리 노력해도 상황은 계속 악화일로로 치닫기 마련이다. 그래서 귀곡자는 상황이 불리하게 돌아가면 몸을 숨기고 '지구전'을 펼치며 적당한 때를 기다리라고 강조했다.

귀곡자의 '저희술抵巇術'과 니어의 생존 전략은 우리에게 많은 것을 알려준다. 다시 말해, 자신에게 불리한 상황에서는 성급하게 행동하지 말고 냉정함을 유지하면서 굳은 신념으로 그 고비를 넘기고, 상황이 바뀌어 황금기가 다가올 때 적극적으로 뛰어들어 자신의 뜻을 펼치라는 것이다.

역사에서 배우기

　위 명제^{明帝} 시절에 조상^{曹爽}과 사마의^{司馬懿}가 함께 집정을 했다. 이때 사마의는 태부(太傅, 삼공^{三公} 중 최고의 벼슬·역주)로 승진하게 되었는데, 사실 이것은 아무런 의미가 없었다. 나라의 대권은 모두 조상 가문이 움켜쥐고 있었기 때문이다. 상황이 이러하니 사마의는 병을 핑계 대고 집에 머물면서 기회가 오기만을 기다렸다. 한편, 마음껏 권력을 행사하며 남부러울 것 없던 조상도 유일한 걱정거리가 있으니, 바로 너무 크게만 느껴지는 사마의의 존재였다. 그래서 그는 마침 형주^{荊州} 자사^{刺史}로 부임하게 된 이승^{李勝}에게 인사를 핑계로 사마의의 집을 방문해 상황을 알아보라고 시켰다. 그러나 그 속셈을 모를 리 없는 사마의는 모자를 벗고 산발한 채 이불을 끌어안고 침상에 누워 이승을 맞았다. 그 모습을 본 이승이 말했다.

　"오랫동안 태부 어른을 뵙지 못하였는데, 병이 이리도 위중하실 줄 누가 알았겠습니까? 저는 곧 형주로 떠나게 되어 마지막 인사를 드리고자 이리 찾아뵈었습니다."

　그의 말을 듣고 사마의가 힘겹게 입을 열었다.

　"병주^{幷州}는 북방과 가까운 곳이니 매사에 조심하도록 하게."

　그러자 이승이 말했다.

"태부 어른, 저는 병주가 아니라 형주로 가는 것입니다."

그런데 사마의가 갑자기 웃으며 물었다.

"그대가 병주에서 왔다고?"

이승은 다시 큰 소리로 대답했다.

"호북湖北의 형주 말입니다."

하지만 사마의는 여전히 웃음을 멈추지 않으면서 다시 물었다.

"청주에서 왔다고?"

이런 사마의의 모습을 보고 이승은 속으로 '이 노인네, 병이 이렇게 위중할 줄이야! 귀까지 멀었군' 이라고 생각했다. 그는 재빠르게 붓을 가져와 글을 써서는 사마의에게 보여주었다. 사마의는 그제야 알았다는 듯 웃으며 말했다.

"내가 병으로 귀까지 멀었나 보네."

말을 마친 그가 손가락으로 입을 가리키자 시녀가 얼른 다가와 탕약을 먹여 주었다. 하지만 그것마저 삼키지 못하고 침상에 토해 버린 사마의는 힘겹게 입을 열었다.

"난 이제 너무 늙고 병이 깊어 살날이 얼마 남지 않았네. 내 두 아들은 큰 재목감이 되지 못하니 부디 그대가 잘 돌봐 주시게. 그리고 조 대장군을 만나시거든 내가 그 두 아이를 부탁한다고 전해 주게나."

말을 마친 그는 다시 침상에 누워 힘겹게 숨을 내쉬었다. 사마의의 집을 빠져나와 곧바로 조상을 만나러 간 이승은 사마의의 현재 상황을 자기가 본 그대로 하나도 빠짐없이 전해 주었다. 그러자 조상은 기쁨을 감추지 못하고 말했다.

"그 늙은이가 죽으면 나 역시 마음을 놓을 수 있을 테지."

그때부터 조상은 실제로 사마의를 안중에도 두지 않았다. 한편, 이승이 돌아가자 사마의는 바로 두 아들을 불러 이렇게 말했다.

"이제부터 조상은 나를 경계하지 않을 것이다. 이제 그가 성 밖으로 사냥을 나가기를 기다려 쓴맛을 보여줄 것이니라."

얼마 후에 조상은 명제를 모시고 선왕의 능에 참배하러 성을 떠났다. 그러자 사마의는 즉각 부하들을 소집해 성의 무기고를 습격했고, 태후를 위협해 조상의 날개를 미리 꺾어 놓았다. 그런 다음에 그는 병권만 온전히 넘겨주면 아무런 해를 입히지 않겠다고 조상을 달랬다. 결국 조상이 합의를 하고 상황이 안정되자 사마의는 거침없이 조상과 그의 무리들을 모두 참수형에 처했고, 순조롭게 위나라의 대권을 거머쥘 수 있었다.

정판교는 "큰 재주가 있는 사람은 오히려 그 재주를 자랑하지 않아 서툰 것처럼 보이고, 큰 용기가 있는 사람은 오히려 그 용기를 뽐내지 않아 겁쟁이처럼 보인다. 이처럼 천하의 지혜는 모두 '숨기는 데' 있다." 사람과 사귈 때는 이 '숨김'의 오묘한 기술을 적절히 구사할 수 있어야 한다. 대개 쉽게 자신을 드러내지 않는 사람은 그렇지 않은 사람보다 훨씬 뛰어나다.

천하를 통치하는 데 능한 사람은 천하의 정치 형세가 어떻게 변화하는지를 정확하게 파악했고, 제후들의 실정을 잘 살폈다. 이때 상황을 완벽하게 분석하지 않으면 제후들이 가진 힘의 강함과 약함, 그 존재감의 가볍고 무거움을 알 수 없을 터이다. 하물며 이러한 제후들의 실정도 잘 알지 못한다면, 사물의 미세한 변화와 조짐이야 더욱이 알아차릴 수 없다.

귀곡자 · 췌

언제나 능동적으로 행동하라

세상을 다스릴 수 있을 때는 보충의 '저抵'를 이용해서 그것이 완벽하게 유지되어 계속 이어질 수 있도록 하라. 반대로, 다스릴 수 없을 정도로 세상일이 혼란스러울 때는 파괴의 (그것을 철저하게 무너뜨리는) '저抵'를 이용해 새롭게 만들도록 하라.

성공하고 싶다면 매사에 능동적이어야 한다. 능력이 있다면 충분히 드러내고, 포부가 있다면 그것을 실현할 수 있어야 한다. 늘 뒷걸음만 치는 사람은 절대 성공할 수 없다.

'저抵'는 원래 '막다'는 뜻이다. 하지만 「저희」에서 귀곡자는 '저抵'를 또 다른 의미로 사용했다. 바로, '대체하다'라는 뜻이다. 귀곡자는 이렇게 말한다.

"세상을 다스릴 수 있을 때는 보충의 '저'를 이용해서 그것이 완벽하게 유지되어 계속 이어질 수 있도록 하라. 반대로, 다스릴 수 없을 정도로 세상일이 혼란스러울 때는 파괴의 (그것을 철저하게 무너뜨리는) '저'를 이용해 새롭게 만들도록 하라."

　그러니까, 오랫동안 사회에 갈등이 쌓여 '더는 막을 수 없을 정도'가 되면, 적극적으로 그것을 대체할 수 있을 만한 것을 찾아 새로운 천하와 사회를 만들라는 말이다.

　하夏나라의 걸왕은 황음무도하고 포악했으며, 매우 잔혹한 정치를 펼쳤다. 당연히 나라의 살림은 피폐해져만 갔고, 적들의 침입이 끊이지 않았다. 또, 왕이 충신들의 간언을 듣지 않고 오히려 해하는 등 하나라는 다시는 치유할 수 없을 정도로 병이 들고 말았다. 그러자 상나라의 탕왕이 하나라를 뒤엎고 상나라를 세운 것이다. 이런 예는 또 있다. 상나라의 주왕이 폭정을 펼쳐 나라가 회복이 불가능한 상태에 빠지자 주 무왕이 민심에 순응하며 주나라를 세운 것이다. 춘추 전국 시대의 제후들은 이렇듯 팽팽하게 경쟁했고, 결국에는 천하의 영웅들이 권력을 거머쥐게 되었다. 귀곡자는, 임금이 도량이 넓어 간언을 잘 받아들이고 자신의 결점은 작은 것이라도 감추지 않아야 그를 보좌하는 신하가 온 힘을 다해 임금의 작은 결점까지도 메우고자 노력한다고 말했다. 반면에 임금이 충언을 받아들이지 않고 횡포를 일삼으면, 재능 있고 어진 인물들은 이를 참지 못하고 그 상황을 바꾸려 하기 마련이다. 보충의 '저'를 이용해 그것이 계속되게 할 것을 주장하고, 의로운 일에 적극적으로 나서도록 한 공자, "내가 아니면 누가 하랴!"고 외쳤던 맹자, "천지를 위해 마음을 세우고, 백성을 위해 명을 세우며, 가신 성인을 위해 끊어진 학문을 계승하고, 천하를 위해 태평을 열리라고 말했던 장재張載, "천

172

하의 흥망은 한 사람에게도 책임이 있다"라고 한 고염무顧炎武, 마지막으로 "철의 어깨에 도의를 지리라"고 말했던 리다자오李大釗까지, 이 모두는 중국의 지식인들의 신앙이자 그들이 추구했던 역사적 사명감의 실천일 것이다. 재능이 있는 사람은 반드시 자신의 능력을 충분히 발휘해야 하며 의로운 일에는 적극적으로 나서야 한다. 또한, 반드시 자신이 해야 할 일이 생겼고 그럴 자격도 충분하다면 절대 기회를 놓치지 말고 능동적으로 임해야 한다.

역사에서 배우기

태원太原에서 병사를 일으켜 천하를 장악한 당唐 고조高祖 이연李淵은 적자인 맏아들 이건성李建成을 황태자로 삼고 둘째 이세민李世民을 진왕秦王으로 봉했다. 그러자 태자중윤(太子允王, 태자의 속관-역주) 왕규王珪와 세마(洗馬, 태자의 궁에서 도서를 관리하는 직책-역주) 위징魏徵은 여러 차례 태자에게 건의했다.

"진왕 이세민은 이미 많은 공을 세워 안팎의 민심이 모두 그에게 쏠려 있습니다. 그런데 전하께서는 단지 적자이고 맏아들이라는 이유만으로 태자의 자리에 오르셨고, 큰 공을 세우지도 못했습니다. 그러니 하루빨리 진왕을 처리하시어 후환을 없애도록 하십시오."

그리하여 태자 이건성은 아우 원길元吉과 손을 잡고 이세민을 차츰 사지로 몰아넣는 것을 모의했다. 그들은 우선 황제의 후궁들에게 틈만 나면 황제 앞에서 이세민을 흉보게 했다. 그런 상황이 계속되자 점차 그 이야기들이 사실이라고 믿게 된 고조는 이세민을 처리하기로 결심했다. 하지만 열 손가락 깨물어 안 아픈 손가락 없는 법이어서, 고조는 결국 진왕 이세민을 죽이자는 데는 결코 동의하지 않았다. 당시 정국의 풍운은 아무도 예측할 수 없었다. 진왕부에 검은 그림자가 드리워지자 이세민의 부하들은 모두 겁을 먹고 어찌할 줄을 몰라 했다. 그러면서 진왕부의 막료였던 장손무기와 방현령房玄齡, 두여회杜如晦는 미리 말을 맞추고서 진왕에게 자기들 쪽에서 먼저 태자와 제왕 원길을 죽이자고 제안했다. 사실, 진왕 이세민은 비록 고조의 둘째 아들이긴 했지만 이연이 태원에서 거병해 천하를 통일하기까지 아주 중요한 역할을 했기에 사람들은 실질적인 당의 계승자는 바로 이세민이라고 인식했다. 게다가 오랫동안 전장에서 지낸 터라 그 수하에는 인재도 많았다. 지략이 뛰어난 방현령, 두여회, 서무공徐茂公은 물론이고, 정교금程咬金, 위지경덕尉遲敬德, 진숙보秦叔寶와 같은 명장도 있었다. 이들은 모두 이세민이 이건성을 대신해 태자가 되기를 원했다. 그러나 형과 아우가 점점 자신의 숨통을 조여와도 여전히 확신이 서지 않던 이세민은, 결국 점쟁이를 불러 점을 쳐보려 했다. 그때 마침 안으로 들어온 그의 막료 장공근張公瑾이 귀갑을 낚아채서는 바닥으로 던지며 말했다.

"점은 본래 궁금한 것을 풀고자 보는 것입니다. 하지만 지금 상황은 의심할 여지가 없이 명명백백한데, 어찌 점을 보신단 말입니까? 만약 점을 쳐서 불길하다고 나오면, 대왕께서는 거사를 포기하기라도 하실 겁니까?"

이세민은 그제야 '의로운 일을 하겠다'는 생각을 굳히고, 태자의 자리를 대신하려는 행동에 들어갔다. 그리고 치밀한 계획 끝에 그들은 해를

174

넘기지 않고 현무문玄武門 정변을 일으켰고, 이때 이세민은 형 건성과 아우 원길을 죽였다. 그러자 그해(626년)에 고조 이연은 이세민을 태자로 삼고, 이렇게 선포했다.

"오늘부터 국가의 대사는 모두 태자가 결정할 것이며, 짐은 그 보고만 받을 것이다."

그리고 이세민은 바로 이날부터 실질적인 황제가 되었다.

당 태종太宗 이세민은 중국 역사상 가장 뛰어난 황제 중 한 명으로 꼽힌다. 그는 재위 기간에 당나라 초기의 정치, 경제, 문화를 고루 발전시켜 '정관의 치貞觀之治'를 이루어 내기도 했다. 만약 이세민이 계속해서 양보하고 참기만 했다면, 또 태자의 자리를 대신해야 한다는 방현령과 두여회 그리고 서무공 등 뛰어난 모사들의 권유를 듣지 않았다면, 그렇게 훌륭한 업적이 과연 탄생할 수 있었을까?

틈새의 싹을 이렇게 막기도 하고 저렇게 막기도 하는데, 그 틈새의 싹을 미리 막아 다시 정도正道로 돌아오게도 하고, 혹은 그 틈새의 싹을 미리 막아 아예 세상을 뒤집어 버리기도 한다.

귀곡자 · 저희

언제나 능동적으로 행동하라

28

해야할 것과
하지 말아야할 것

> "고지선용천하자古之善用天下者, 필량천하지권必量天下之權,
> 이췌제후지정而揣諸侯之情."
>
> 귀곡자·췌揣

현명한 통치자는 천하 권력의 가볍고 무거움을 헤아리며 제후들의 속마음을 살펴보고자 했다.

지혜가 있는 사람은 '생각하는 동물' 이다. 그래서 무언가를 결정하기 전에는 먼저 상황을 살펴보고 이해득실을 따져보면서 무엇을 해야 하는지 혹은 무엇을 하면안 되는지 알게 되는 것이다.

귀곡자는

천하의 통치차라면 반드시 먼저 세태를 살피고 이해득실을 따져 본다음에야 비로소 해야 할 것과 하지 말아야 할 것을 확실히 구분 짓도록 했다. 그는 「결」에서 어떠한 일이든지 일단 결단을 내리면 반드시 얻는 것과 잃는 것이 함께 생긴다고 했다. 군자는 해야 할 일과 하지 말아야 할 일이 있는데, 그중에 해야 할 일을 결정할 때는 반드시 먼저 이해득실을 따져 봐야 한다. 그렇게 하면 얻는 것을 늘리고 잃는 것을 줄일 수 있기 때문이다. 이렇듯 귀곡자가 '저울질'을 강조한 이유는 바로, 이를 통해 정확한 판단을 내리고자 한 것이었다. 어떠한 선택이든 반드시 포기해야 하는 부분이 있으며, 해야 할 일과 하지 말아야 할 일이 있다. 마치 맹자가 "사람은 하지 않아야 할 일이 있어야 해야 할 일에서 성공할 수 있다"라고 했던 것과 같은 맥락이다. 귀곡자의 말은 상황을 관찰하고 이해득실을 살피는 것을 가리킨다. 이를 통해 취할 것은 취하고 버릴 것은 과감하게 버리라는 것이다. 앞에서도 귀곡자는 아래와 같이 말했다.

"무릇 지략을 쓸 때는 두 군주에게 모두 충성을 다할 수가 없고, 반드시 어느 한쪽의 바람을 저버려야 한다. 한쪽이 원하는 바를 들어주려면 다른 한쪽의 염원을 배신할 수밖에 없는 것이다. 하지만 한쪽의 바람을 외면하면 다른 한쪽이 하고자 하는 바에 영합할 수 있다."

해야 할 일을 하고 예정된 계획을 실현하는 것은 모두 자신이 평가하고 결정한 사항이기 때문이며, 또한 자신의 이익을 추구하고 타인의 이익을 뺏기 위함이다. 어떠한 지략이든 대립한 양측을 모두 만족시킬 수는 없다. 반드시 어느 누군가는 배신할 수밖에 없는 것이다. 한 사람이 바라는 것에 부합하려면 다른 한 사람에게서는 미련 없이 등을 돌려야 한다. 이것이 바로 오합술忤合術이다. 일단 목표를 바로 잡았다면, 우선 자신이 해야 할 일을 정하고 끝까지 그것을 이루고자 노력해야 한다. 하지만, 목표가 현실에 적합하지 않고 주관적인 조건이 현실을 가로막는다면, 먼저 물러설 줄도 알아야 한다. 그리고 다시 목표를 세워 도전하는 것이다. 진정 지혜로운 사람은 선택하고 포기하는 것에 능하다. 포기해야만 새로운 선택을 할 수 있고 성공의 기회도 거머쥘 수 있지 않은가.

하산을 결심한 소진은 원래 서쪽의 진나라로 가서 진 혜문왕에게 연횡술을 채택하게 해서 6국의 연맹을 깨려고 했다. 하지만 객관적으로 봤을 때, 당시 진나라는 아직 6국을 통일할 준비가 미처 되어 있지 않았다. 또 주관적으로 봐도 혜문왕은 막 상앙商鞅을 극형에 처한 터라 시기가 좋지 않았다. 이렇게 여러 가지 상황을 모두 고려해 본 소진은 이때 자신이 '해야 할 일'을 바꿔서 먼저 6국을 설득해 합종술로 진에 저항하도록 했던 것이다.

역사에서 배우기

일본 후쿠오카에 있는 니시치라는 회사는 니시치 기저귀를 생산했다. 원래 이 회사는 비옷이나 수영 모자 등 고무 제품을 주로 만들었는데, 2차 세계 대전이 끝나자 시장 환경이 계속 악화되어 니시치는 파산 직전에까지 이르렀다. 그때 니시치 사장은 우연히 앞으로 일본에 해마다 신생아가 250만 명 정도씩 태어날 것이라는 뉴스를 보게 되었다. 남들이 보기엔 별 것 아닌 것 같은 이 뉴스에서 그는 무한한 가능성을 보았다.

'만약 신생아 한 명이 해마다 천 기저귀를 두 개씩 쓴다면 일본 전체에서는 해마다 기저귀가 500만 개나 필요해지는 셈이군. 게다가 국제 시장까지 생각한다면 그 수는 상상할 수 없을 정도로 많아!'

사장은 곧바로 일본에 천 기저귀 생산 공장이 얼마나 있는지를 조사해 보았다. 그런데 그는 조사 과정에서 대기업은 물론이고 작은 기업들까지 천 기저귀는 아예 생산을 하지 않거나 포기하고 있다는 사실을 알게 되었다. 천 기저귀 생산이야말로 바로 그가 '해야 할 일'이었던 것이다. 그는 즉시 행동에 들어가 끊임없이 새로운 기술을 채택하고 새로운 재료와 설비도 들여왔다. 이로써 엄마들이 가장 선호하는 다양한 모델의 '니시치' 기저귀가 탄생하게 되었다. 1980년대가 되자 이 회사는 연간 기저귀 생산량이 1천만 매까지 늘어났고, 사장은 '기저귀 대왕'이라는 별명을 얻게 되었다. 니시치는 치열한 비옷 시장에서 경쟁하다가 별안간 아무도 거들떠보지 않던 기저귀 생산을 선택했다. 이 이야기는 우리에게 아무리 하찮아 보이는 상품이라도 넓은 시장만 있다면 얼마든지 큰돈을 벌 수 있다는 것을 말해 준다.

물량이 줄어 회사가 파산 위기에 놓였지만, 니시치 사장은 냉정한 시선으로 상황을 관찰했다. 그리고 그 속에서 잠재적인 기회를 발견해 냈다. 그는 우선 이 잠재된 시장을 조사해 이해득실을 따져본 후 새로운 결정을 내렸다. 비옷과 수영 모자 등 고무 제품의 생산을 중단하고, 완전히 새롭게 기저귀 상품 사업에 투자하기로 한 것이다. 이러한 과감하고 냉정한 선택 덕분에 그는 파산을 면했고, 엄청난 돈도 벌 수 있었다.

세상만물은 저마다 고유의 자연적 속성이 있고, 모든 일에는 나뉘고 합해지는 규칙이 있다. 하지만 이러한 속성과 규율 중에는 가까이 있지만 찾아내기 힘든 것이 있고, 멀리 있지만 완벽하게 장악할 수 있는 것이 있다. 가까이 있지만 알아낼 수 없는 것은 그 특징을 꿰뚫지 못했기 때문이요, 멀리 있어도 마치 손바닥에 올려놓은 듯 훤한 것은 그것의 유래와 지금의 모습을 충분히 파악했기 때문이다.

귀곡자 · 저희

해야할 것과
하지 말아야할 것

29

용서할 수 있는 만큼
용서하라

"비독충신인의야非獨忠信仁義也, 중정이이의中正而已矣."

귀곡자 · 모謀

성인의 처세는 단순히 충신忠信과 인의仁義를 따지는 것이 아니다. 그것은 어느
한쪽으로도 치우치지 않는 정도正道를 지키는 것이다.
처세에는 반드시 그 척도가 있어야 한다. 어떤 일이든 너무 지나쳐서는 안 되
며, 정도를 지켜야 한다. 예를 들어, 누군가가 실수를 했다면 너그럽게 용서할
줄도 알아야 한다.

귀곡자는

성인의 처세를 이야기하면서 "처세는 단순히 충신과 인의를 따지
는 것이 아니다. 그것은 어느 한쪽으로도 치우치지 않는 정도를 지
키는 것이다"라고 강조했다. 여기에서 말하는 '중정中正'이란, 어
느 한쪽으로도 치우치지 않는 것을 뜻한다. 귀곡자는 무슨 일이든
적절한 정도를 지켜야 한다고 했다. 적당하면 아름답지만 지나치면
추하고, 적당하면 복이지만 지나치면 화가 되는 것처럼 말이다. 세

상의 만물은 모두 도度가 있어야 한다. 물은 온도가 영하로 내려가면 얼고, 열을 가해 온도가 올라가면 다시 액체가 되거나 혹은 증발해 수증기가 된다. 술은 좋은 것이지만 많이 마시면 몸이 상하기 마련이다. 흥을 돋우는 것도 좋지만 지나치면 추태가 될 수도 있다. 여기에서 지나친 음주나 추태는 모두 균형을 잃는 것을 뜻한다. 인간관계에서 가장 어려운 것이 바로, 적당한 때에 멈출 줄 알고 남을 용서하는 것이다.

사실 이렇게 타인에게 잘못을 고치도록 기회를 주는 것은 쉬운 일이 아니다. 사람은 완벽하지 않기 때문에 누구나 실수를 한다. 그리고 실수를 하면 상대방의 용서를 바라는 게 사람 아니던가! 처세에서 '이치를 터득하는 것'은 아주 중요하다. 그런데 그것보다 더 중요한 것이 바로 '용서'이다. 이제부터라도 실수를 한 사람에게 조금의 여지라도 베풀어 보라. 그것은 손해가 되기는커녕 어느 순간에 생각지도 못한 기쁨과 감동으로 변할 것이다. 사람은 저마다 모두 다른 가치관을 가지고 있으며, 생활환경 또한 모두 다르다. 그래서 모두가 어울리며 살아가다 보면 여러 가지 마찰과 의견 차이가 생겨나는 것은 불가피하다. 한번 갈등이 불거지면 사람들은 대부분 자신도 모르게 초조해지는데, 이들은 체면과 이익을 위해 일단 '득리' 하고 나면 온갖 방법을 동원해 상대방의 투항을 받아내야만 겨우 직성이 풀린다. 하지만 이치를 터득하고도 상대방을 용서하지 못하면 승리의 나팔은 또 다른 전쟁의 전조가 될 뿐이다. 적은 이미 패배했지만 그 역시 체면과 이익 때문에 다시 싸움을 걸어올 것 아니겠는가! 또한, 일상생활에서도 실수를 한 상대방에게 조금의 여유라도 남겨 주어야 한다는 것을 잊지 말라. 그렇지 않으면 눈 앞의 적을 없애기는커녕 주변의 친구들까지 멀어질 수 있다. 그러 니 상대방에게도 체면을 차리고 다시 일어설 수 있는 기회를 주어 야 한다.

그렇게 하는 것이 마냥 어려운 것만도 아니다. 게다가 그렇게 하 면 상대방을 감동시키기까지 할 수 있다. 또, 그렇지 않더라도 최소 한 적을 하나쯤은 줄일 수 있지 않겠는가! 우리가 살아가는 이 세상 은 아주 좁다는 것을 인식하라. 어느 날 그 상대방과 다시 마주치게 되었다면, 그리고 그때는 상황이 바뀌어 내 힘이 그에 훨씬 못 미친 다면, 상대방은 과연 나를 어떻게 대할까? 이렇게 뒤집어 보면, 이치 를 깨달아 타인을 용서하는 것이 곧 나를 위한 일이기도 하다는 것 을 알 수 있다. 인간관계에서 가장 기본이 되는 것은 이해와 포용이 다. 인간관계는 메아리와 같아서 내가 말하는 그대로 돌아오게 되 어 있다. 그래서 모든 일을 감정대로만 처리하면 그것이 훗날 내 인 생에 큰 화로 돌아올 수 있는 것이다. 어차피 사람과 사람 사이에 갈 등이 생기는 것은 피할 수 없다. 그러므로 이 갈등에서 우위에 있는 사람은, 언제나 "용서할 수 있을 만큼 용서하라"는 선인의 가르침 을 잊어서는 안 될 것이다.

역사에서 배우기

2004년 8월 23일에 아테네 올림픽 남자 철봉 결승전이 벌어졌다. 28세의 러시아 선수 네모프Alexey Nemov가 세 번째로 경기를 펼쳤는데, 그는 3회 연속으로 점프해 철봉을 잡는 연기를 펼쳐 관중들의 시선을 단번에 사로잡았다. 하지만 착지할 때 앞쪽으로 약간 비틀하는 실수를 해서 그는 9.725라는 점수를 받았다. 바로 그때, 올림픽에서는 좀처럼 보기 힘든 광경이 벌어졌다. 경기장에 모인 관중이 모두 계속해서 "네모프! 네모프!"를 외쳤던 것이다. 그들은 곧이어 모두 자리에서 손을 흔들고 야유를 보내며 심판 판정에 불만을 표시했다. 경기는 잠시 중단되어 이미 출전 준비를 마친 미국의 폴 햄은 경기장에 나갈 수가 없었다. 상황이 이렇게 되자 퇴장했던 네모프가 자리에서 일어나 관중에게 손을 흔들고 허리를 굽혀 인사를 했다. 자신에게 보여준 사랑과 지지에 감사를 표한 것이었다. 그러나 이러한 네모프의 의연한 행동은 오히려 관중을 더욱 자극했다. 야유 소리는 더욱 커져만 갔고, 심지어 일부 관중은 엄지손가락을 아래로 향한 채 심판진에게 야유를 보내기도 했다. 그러자 강한 압력을 느낀 심판들은 네모프의 점수를 다시 9.762로 올려주었다. 하지만 관중은 높아진 점수에도 만족하지 않았고, 야유는 점점 더 거세졌다. 그때, 네모프는 남다른 포용력으로 진정한 승자의 모습을 보여 주었다. 다시 경기장에 모습을 드러낸 그는 오른팔을 들어 관중에게 감사를 표하고 다시 고개 숙여 인사를 한 뒤에 둘째손가락을 입에 가져다 대며 야유를 자제해 줄 것을 부탁했던 것이다. 잠시 후 폴 햄은 조용한 분위기에서 경기를 시작할 수 있었다. 네모프의 포용으로 십 분 정도 중단되었던 경기가 재개된 것이다. 네모프는 결국 이 시합에서 금메달을 따지는 못했지만, 관중의 마음속에 진정한 '승자'로 자리 잡을 수 있었다. 라이벌을 이기지는 못했지만 남다른 포용력으로 관중을 매료시켰던 것이다.

관용은 황금과도 같다. 그래서 당시 네모프가 보여준 관용은 충분히 칭찬받을 만했다. 살다보면 언제나 불쾌하고 기분 나쁜 일이 일어날 수 있다. 그러나 그럴 때마다 감정적으로 일을 처리해서는 안 된다. 원한이란 풍선과 같아서 만들면 만들수록 커져만 갈 뿐이며, 결국에는 걷잡을 수 없는 상황까지 가고 말기 때문이다. 그러므로 우리는 과거의 잘못은 너그럽게 용서하고, 타인의 실수도 용납할 줄 알아야 한다.

성인의 처세 비결은 바로 숨기고 드러내지 않는 데 있다. 성인의 처세는 단순히 충신과 인의를 따지는 것이 아니다. 그것은 어느 한쪽으로도 치우치지 않는 정도를 지키는 것이다.

귀곡자 · 모

용서할 수 있는 만큼 용서하라

30

처세의 방원술

"원자圓者, 소이합어所以合語. 방자方者, 이착사所以錯事."

귀곡자 · 본경음부本經陰符

이른바 '전원轉圓'이란, 융통성 있게 말함으로써 원하는 것에 들어맞게 하는 것을 말한다. 그리고 '종방從方'이란, 모든 일을 법칙에 맞게 처리하는 것을 뜻한다.

'방원方圓'은 처세의 핵심이다. '방方'은 원칙을 따르며 주견이 있는 것을, '원圓'은 책략을 펼치며 기교를 부리는 것을 의미한다.

귀곡자는

이렇게 말했다.

"전원이란, 융통성 있게 말함으로써 원하는 것에 들어맞게 하는 것을 말한다. 또한, 종방이란 모든 일을 법칙에 맞게 처리하는 것이다."

귀곡자는 처세의 방법을 논하려면 방원술方圓術을 빼 놓을 수 없다고 말했다. 그는 역사 속에서 그동안의 처세 방법을 살펴보면서

두 가지 오류를 발견할 수 있었다. 첫째는 죽어도 원칙만 고집하며 도무지 융통성이라곤 찾아 볼 수 없는 것이며, 다른 하나는 아무 주견도 없이 그저 부화뇌동하는 것이었다. 전자는 처세의 방법 중에 '방' 만을 고집했고 후자는 '원' 만 알았기에 이런 잘못이 생겨나는 것이다. 이렇게 어느 한 쪽에만 치우치면 처세는 반드시 실패할 수밖에 없다.

(1) '원' 만있고 '방' 이없으면 입신할수없다

인간의 지혜는 언제나 충만하고, 틀이 없어야 한다. 하지만 사회 생활을 하다 보면, 말이나 행동에 반드시 원칙과 규칙이 있어야 한다. 그렇지 않으면 크게는 사회와 사상이 바로 잡히지 못하고, 작게는 개인이 사회에서 살아남을 수 없기 때문이다. 각 나라는 저마다 법제가 있고, 군대에는 기율이란 것이 있다. 이와 마찬가지로 개인 역시 자신만의 원칙과 주장이 있는데, 우리는 이를 '방' 이라고 한다. 이러한 '방' 은 큰 건물로 치자면, 시멘트로 만든 골격과 같은 역할이다. 다시 말해서, 건물이 튼튼히 설 수 있게 하는 지지대이자 기초가 되는 것이다. 그래서 처세를 할 때 '방' 을 무시하고 '원' 만 고집한다면, 말이 분명하지 못하고 태도는 우유부단해진다. 그런 사람은 타인에게 개성 없고 패기도 부족한 인물로 비쳐서 존중 받기가 힘들다. 그래서 사회생활에서 성공하는 것은 더욱 어렵다.

(2) '방' 만있고 '원' 이없으면 고집불통이 되기십상이다

이런 사람은 죽어도 원칙만 고집하고 도무지 융통성이란 전혀 없으며 상황에 따라 임기응변할 줄도 모른다. 이렇게 되면 늘 발전이 없고, 고집스럽거나 극단적인 사람이 되기 쉽다. 중국의 고사성어 중에 '정인매리鄭人買履'나 '각주구검刻舟求劍'에 등장하는 인물들이 바로 그렇다. 전자는 '니泥'의 표본이요, 후자는 '체滯'를 대표한다 할 수 있다. 여기에서 '니'는 고집스럽고 융통성이 없어 행동에 제약 받는 것을 뜻하며, '체'는 움직임이나 발전 또는 변화가 없는 것을 가리킨다.

이 두 이야기는 모두 '방'만 있고 '원'이 없으면 발전도 없고 고집불통이 되기 쉽다는 것을 잘 보여 준다. 반대로 지나치게 '방'만 고집하고 '원'이 모자란 사람, 다시 말해 원칙을 내세우고 지나치게 직선적이며 '충신인의忠信仁義' 등 예법에 목숨 거는 사람은, 타인에게 자기중심적이고 융통성 없는 사람으로 비치기 쉽다. 이런 사람은 결국 타인과 어울리지 못하고 고립되고 만다. 귀곡자는 「본경음부」에서 "'원'이 통하지 않을 때 '방'을 멈추지 않고 쓰면 큰 성공을 이룰 수 있다"고 말했다. 이처럼 원과 방은 서로 함께 써야 하며 어느 것 하나도 빠져서는 안 된다. 이를 지킬 수 있다면 분명 큰 성공을 거둘 수 있을 것이다.

역사에서 배우기

청나라 초기에 시부詩賦의 대가로 이름을 날렸던 주완운周宛雲의 집 앞에는, 자신이 지은 시를 들고 가르침을 청하러 오는 사람의 발길이 끊이지 않았다. 주완운은 처음에 이들을 보고 남다른 사명감을 느꼈고, 작은 결점 하나라도 놓치지 않고 세심하게 지적해 주었다. 그래야만 자신을 찾아온 사람들이 많은 것을 배워 가리라 생각했기 때문이었다. 하지만 의욕에 가득 찬 주완운을 찾아왔던 사람들은 그의 평을 듣고 나서 모두 잔뜩 풀이 죽은 채 돌아갔다. 그리고 얼마 지나지 않아 곧 문인들 사이에 이상한 소문이 돌기 시작했다. 대부분 주완운이 너무 오만해 다른 이들을 업신여긴다거나 사리 분별을 제대로 하지 못한다는 내용이었다. 그제야 자신의 행동을 후회한 주완운은 괴로운 심정으로 친구를 찾아가 말했다.

"나는 나를 찾아온 사람들의 기분을 상하게 하고 싶지는 않네. 하지만 그렇다고 해서 듣기 좋은 말만 해주면 그들은 아무런 발전 없이 지금 상태에 머무르며 그저 그런 시만 짓게 되지 않겠는가. 난 그런 것은 더욱 싫다네. 도대체 이 일을 어찌하면 좋단 말인가?"

그의 이야기를 잠자코 듣던 친구가 웃으며 말했다.

"좋다고도, 나쁘다고도 하지 말고 '정말 쉽지 않았겠군!'이라고 말하면 되지 않는가?"

주완운은 그제야 얼굴에 화색을 띠며 고개를 끄덕였다. 때마침, 그날 한 노인이 100권이나 되는 시첩을 나귀 등에 싣고 주완운을 찾아왔다. 주완운은 예전과 달리 먼저 부드러운 목소리로 노인에게 물었다.

"노인장이 시를 지으신 지는 얼마나 되셨습니까?"

"한 40년은 되오!"

노인이 자랑스럽게 말했다. 그러자 주완운은 시첩을 두드리며 놀랍다는 듯 말했다.

"40년 동안 시첩을 100권이나 쓰셨다니 정말 쉽지 않은 일입니다!"

"허허, 과찬이십니다."

노인은 연신 고마움을 표했고 만족해 하며 집으로 돌아갔다. 그때부터 주완운에게 가르침을 얻고자 하는 사람들은, 모두 기쁜 마음으로 그를 찾아와 만족해 하며 돌아갔다. 그리고 그들은 주변 사람들에게 이렇게 말했다.

"주완운 선생이 내 시가 '쉽지 않다'고 하셨어! 얼마나 안목이 높으신지!"

'방'만 아는 사람은 임기응변에 서툴러 성공하기가 힘들다. 반면에 '원'에만 치중하는 사람은 원칙과 주견이 없는 기회주의자로 비칠 수 있다. 그러므로 '방'과 '원'을 골고루 갖추어야만 무슨 일이든 거침없이 해낼 수 있다.

이른바 '전원'이란, 상황을 복으로 바꿀 수 있고 화로 밀어넣을 수도 있다. 성인은 그 규율과 존망의 도리를 먼저 안 다음에, '전원'하고 '종방'하여 규칙에 순응했다. 또한, '전원'이란, 융통성 있게 말함으로써 원하는 들어맞게 하는 것을 말한다. 그리고 '종방'이란, 모든 일을 법칙에 맞게 처리하는 것을 뜻한다. '전화轉化'란 사물을 관찰하고 계획하는 것이며, '접물接物'은 관찰하고자 나아가고 물러서는 것을 뜻한다.

귀곡자 · 본경음부

처세의 방원술

31

거절의 방법

"약욕거지若欲去之, 인위여지因危與之."

귀곡자 · 내건內揵

거절하려면 상대방에게 착각을 심어주라.

거절도 일종의 학문으로, 반드시 개인의 인격과 수양이 드러나야 한다. 거절하면서도 상대방이 나의 진심과 선한 본심을 느끼고 믿도록 해야 한다. 누군가의 부탁을 거절해야 한다면 분명하게 거절하라. 절대 체면 차리느라 맹목적으로 승낙해서는 안 된다.

귀곡자는

누구나 원하는 것을 모두 얻을 수는 없기에 거절하는 법을 배워야 한다고 했다. 그리고 "거절을 하려면 상대방에게 착각을 심어주어야 한다"고 강조했다. 이것은, 거짓말을 하라는 것이 아니라 거절하는 방법을 터득하라는 말이다. 상대방의 요구를 잘 거절하는 데는 몇 가지 원칙이 있다.

(1) 솔직하게 말한다

거절하는 대상이 나와 친밀한 관계라면, 동정심을 일으켜 상대방이 내 쪽에서 생각해 보게 하는 방법도 좋다. 어떤 사람들은, 거절할 때 솔직히 말하는 것이 미안해서 애매모호한 태도를 보이기도 하는데, 이렇게 되면 쓸데없는 오해를 불러일으킬 수도 있다. 사실 거절은 잘못이 아니다. 상대방 역시 무언가를 부탁하기 전에 이미 마음속으로 거절당할 것을 각오하고 온다. 그러므로 제대로 거절할 수만 있다면 그 때문에 인간관계가 틀어지는 일은 없다. 하지만 애매모호한 태도를 보이다가는 오히려 상대방에게 반감을 살 수도 있다는 사실을 잊지 말라.

(2) 거절하는 시기와 장소도 중요하다

누군가의 부탁을 거절할 때 반드시 염두에 두어야 하는 것이 몇 가지 있다. 첫째로, 거절은 될 수 있는 한 빨리 해야 한다. 상대방의 계획에 차질을 주지 않으려면 말이다. 만약 완곡하게 거절할 때는 상대방이 내 의도를 분명히 알아차리도록 해야 한다. 계속해서 애매모호하게 둘러대다가 결국 자기 자신도 무슨 뜻인지 모를 말을 하게 되어 버리면 절대 안 된다. 둘째로, 이번의 거절 한 번이 영원히 거절한다는 뜻을 나타내는 것은 아니라고 정확히 밝혀야 한다. 그리고 장소 면에서 보자면, 일반적으로 좁은 장소가 거절하기도 쉽고 상대방이 받아들이는 것도 쉽다. 심리학에서는, 마주보고 이야기를 하면 상대방이 당신의 거절을 받아들이기 힘들어 한다고 한다.

[3] 여지를 남겨 두라

늘 자신이 옳다고 생각하며 의견 주장하기를 좋아하는 사람의 부탁을 거절할 때에는 더욱 조심해야 한다. 이런 사람은 자존심이 무척 강하기 때문에 직접적으로 거절하면 이를 쉽게 받아들이지 못할 확률이 크다. 때문에 처음엔 상대방의 이야기를 처음부터 끝까지 자세하게 들어야 한다. 그 다음 마음속으로 '어떻게 거절하고 상대방을 설득시킬까?' 를 생각해 봐야 하는 것이다. 가장 좋은 방법은 그의 부탁에 확실한 긍정을 하지 않음으로써 체면을 유지시켜 주는 것이다. 이런 사람들은 대부분 현명하기 때문에 내 의도가 무엇인지 금방 알아차릴 수 있다.

[4] 우정으로 상대방을 설득하라

부탁을 거절하면서도 상대방의 감정을 상하지 않게 하기 위해서는 내가 그의 가장 좋은 친구임을 느낄 수 있도록 해야 한다. 상대방의 강요에 못 이겨 억지로 부탁을 들어주는 것이 아니라 그를 더 위하기 때문에 거절한다는 것을 알려 주어야 한다.

역사에서 배우기

북송北宋 중기에 소식蘇軾과 소철蘇轍 형제는 모두 높은 관직에 있어 이들의 집에는 늘 벼슬자리를 부탁하러 오는 사람들의 행렬이 끊이지 않았다. 어느 날, 소철의 친구가 벼슬자리를 하나 부탁하러 그를 찾아왔다. 하지만 이를 미리 알고 소철이 숨어 버리자, 그는 다시 소식을 찾아가 부탁을 했다. 어쩔 수 없이 그를 방으로 들인 소식은, 벼슬 이야기는 한 마디도 꺼내지 않은 채 뜬금없이 옛날이야기를 했다.

"옛날에 아무것도 가진 것 없는 가난한 사내가 있었는데, 그가 어느 날에는 도굴을 하기로 마음먹었다네. 그래서 정말로 무덤 하나를 팠는데, 아무것도 입지 않은 한 사람이 거기에 누워 이런 말을 했다지. '그대는 한양왕楊王의 자손들이 재물을 가벼이 여겨 땅에 묻힐 때 옷 한 벌도 입지 못했다는 말을 듣지 못했는가? 이렇게 알몸으로 누워 있는 마당에 무엇으로 자네를 도울 수 있겠나?'"

소식은 흥미진진하게 자신의 이야기를 듣는 소철의 친구를 보고 이야기를 이어 나갔다.

"그래서 사내가 다른 무덤을 팠더니 그 안에 누워 있던 제왕이 온화한 목소리로 그랬다는군. '나는 한 무제다. 내 이미 세상을 떠나기 전에 무덤 속에 금은보화를 넣지 않도록 명령을 내렸으니 다른 데로나 가보도록 해라!'"

여기까지 이야기를 한 소식은 '하하' 하고 큰 소리로 웃었다. 소철의 친구는 그제야 소식의 의도를 알아차리고 얼굴이 빨개졌다. 하지만 소식은 계속해서 이야기를 이어 나갔다.

"할 수 없이 사내는 다시 나란히 있는 무덤 두 개를 찾아내 먼저 하나를 파기 시작했다네. 그런데 그때 빼빼 마른 그림자가 다가오더니 그에게 말하는 것이 아닌가? '나는 수양산首陽山에서 굶어 죽은 백이伯夷다! 그런데 내 무슨 수로 그대를 배불리 먹일 수 있겠는가?' 그래서 어쩔 수 없이 사내가 다른 무덤을 파려고 하자 백이가 말했네. '이 사람아! 그건 숙제(叔齊, 백이와 함께 수양산에서 굶어죽은 백이의 동생)의 무덤이야!'"

　이미 완벽하게 소식의 뜻을 알아차린 소철의 친구는 서둘러 집으로 돌아가 버렸다.

소식은 옛날이야기를 통해 자신의 입장을 밝히고, 간접적으로 상대방의 부탁을 거절하려는 자신의 목적을 달성했다. 이처럼 살아가면서 누군가의 부탁을 거절해야 한다면 분명하게 거절하라. 절대 체면 차리느라 맹목적으로 승낙해서는 안 된다. 그렇지 않으면 신용을 잃게 될 뿐만 아니라 상대방과 나 모두에게 크나큰 손해를 안겨줄 수도 있다.

거절하려면 상대방에게 착각을 심어 주라. 마치 둥근 고리가 회전하는 것처럼 자신의 본심을 숨기고, 진퇴進退의 기본 원칙을 세우도록 하라.

귀곡자 · 내건

거절의 방법

32

창의력을 발휘하라

"기마지其摩者, 유이평有以平, 유이정有以正,
유이희有以喜, 유이노有以怒."

귀곡자·마摩

췌마술揣摩術을 운용할 때는 평화로움으로 공격하는 것과 정의로 비난하는 것,
아첨하는 것, 분노로 부추기는 방법 등이 있다.
어떤 일을 할 때, 한 가지에만 얽매이지 않고 다양한 기술을 융통성 있게 운용
할 수 있어야 한다. 다시 말해서, 과감하게 창의력을 발휘해야 한다는 뜻이다.

귀곡자는

'췌마술'에 능해야 한다고 강조했다. 다시 말하면, 평平, 정正, 희喜,
노怒, 명名, 행行, 렴廉, 신信, 리利, 비卑 등과 같은 다양한 기교 중에서
단 한 가지에만 얽매이지 않고 이를 골고루 운용할 수 있는 창의력
을 발휘하라는 것이다. 그는 「마」에서 이렇게 말했다.

"성인들은 앞에서 말했던 여러 가지 기교들을 정확하게 알고 남
몰래 그것을 사용했는데, 사실은 그들도 많은 사람에게서 배운 것

이었다. 하지만 사람들은 대부분 이 기교들을 효과적으로 사용하지 못한다. 그들은 성인들처럼 어떤 곳에 어떤 기교를 써야 하는지 잘 모르기 때문이다."

귀곡자는 또 「모」에서 "때로는 정도보다 기책奇策이 더 나은 법이다. 기책을 사용하면 아무것도 그것을 막을 수 없으니, 군주를 설득할 때는 이러한 기책을 써 보라"고 말했다. 여기에서 말하는 '기奇'는 바로 창의력을 말한다. 귀곡자는 창의력의 중요성을 일찌감치 깨닫고 이를 통해 강조한 것이다.

전국 시대에 제나라의 정곽군靖郭君이 자신의 영지 설薛땅에 성을 지으려고 했다. 많은 유세객遊說客들이 그를 말렸지만 정곽군은 막무가내였고, 심지어는 아예 유세객을 들이지 말라고 명령하기까지 했다. 그때, 누군가가 정곽군을 만나겠다고 찾아왔다.

"저는 딱 세 마디만 하면 됩니다. 혹시 세 마디가 넘어간다면 저를 죽이셔도 좋습니다."

하인들에게 이 이야기를 전해들은 정곽군은 호기심이 일어 그 사내를 만나 보기로 했다. 이윽고 들어온 사내는 공손히 예를 올리고서 입을 열었다.

"해海, 대大, 어魚."

말을 마친 그는 곧바로 자리에서 물러났다. 그런데 도무지 그 뜻을 알 수가 없었던 정곽군은 서둘러 사내를 다시 불러와 물었다.

"말을 다 끝내지도 않고 어딜 가시는 게요?"

"저는 제 목숨을 가지고 장난칠 마음은 조금도 없습니다."

사내의 말에 정곽군은 더욱 조급해졌다.

"걱정하지 말고, 그 뒷이야기를 계속해 보시오."

사내는 그제야 다시 입을 열었다.

"바다에 사는 대어를 알고 계시지요? 대어는 그물에 걸리지도 않고 낚싯줄로 낚아 올릴 수도 없습니다. 하지만 그 자신이 신중하지 못하여 물을 떠나게 되면, 개미와 같은 곤충들의 먹이가 될 수밖에 없지요. 지금의 제나라는 대왕에게 물이라 할 수 있습니다. 이 물속에서 오랫동안 보호를 받을 수 있는데, 과연 설성을 지을 필요가 또 있겠습니까?"

정곽군은 그제야 고개를 끄덕이며 말했다.

"그대의 말이 옳소."

그는 성을 지으려던 계획을 바로 포기했다. 이 사나이는 다른 유세객들이 많이 쓰는 방법 대신에 딱 세 마디만 해서 정곽군의 호기심을 자극하는 방법을 썼다. 이것이야말로 창의적인 간언 방법이라고 할 수 있지 않은가? 이처럼 창의력의 역할은 막대하다. 그래서 우리도 창의력을 키우고 제대로 쓸 수 있도록 노력해야 하는 것이다. 다만, 그러기에 앞서 주의 사항을 몇 가지 살펴 보아야 한다.

(1) 여러 방면을 동시에 고려하는 습관을 키우라

어떤 문제에 부딪혔을 때는 반드시 여러 각도에서 바라보며 생각해야 하고, 이러한 습관을 끝까지 유지할 수 있어야 한다. 그렇게 하면 자신도 모르는 사이에 훌륭하게 창의력을 발휘할 수 있다. 단순히 새로운 것을 추구하려는 것이 아닌 진정한 창의력 말이다. 여러 방면의 문제를 모두 종합해 생각하다 보면 문제를 해결할 수 있는 영감이 떠오르니, 이것이 바로 창의력이다. 절대 이 영감을 그냥 버리는 일이 없도록 주의하라. 모든 사람이 이 영감을 지니고 있다. 그러니 일단 새로운 생각이 떠오르면 반드시 이를 기록하라. 이런 습관이 굳어지면 당신은 분명히 창의적인 사람이 될 수 있다.

(2) 독립적으로 사고하라

독립적인 사고는 창의력의 필수 조건이다. 아인슈타인은 독립적인 사고와 판단 능력 개발이 아주 중요하다고 강조했다. 창의력을 기르고 싶다면, 맹목적으로 다른 사람의 경험과 행동을 따라하거나 그 성과에 의존하려 해서는 안 된다. 늘 독립적으로 생각하고 스스로 문제 해결 방법을 찾고자 노력해야 한다.

(3) 지식으로 무장하라

어떠한 창조물이든지 그것은 지식의 종합체이다. 창의적으로 생각하는 것도 창의력을 키우는 방법 중에 하나인데, 그러려면 반드시 광범위한 지식이 그 밑바탕에 깔려 있어야 한다. 풍부한 지식이 바탕에 없으면 생각은 곧 멈춰 버리고 말기 때문이다. 또, 지식을 종합하고 비교하지 않으면 사고를 다양하게 전환하는, 다시 말해 창의성을 발휘하는 것은 기대하기 힘들다.

역사에서 배우기

 '예마오쭝葉茂中', 아마 이름만 듣고서는 그가 누구인지 아는 사람이 거의 없을 것이다. 하지만 중국 사람 중에선 "30대의 심장을 가진 60대" "지구인이라면 모두 다 압니다" 라는 광고 문구를 모르는 사람이 없을 것이다. 이 광고는 모두 예마오쭝의 손을 거쳐 탄생했다. 그는 이렇게 짧은 광고 문구에 무한한 창의력을 불어 넣어 마침내 수많은 성공을 일궜다. 1997년에 예마오쭝은 처음으로 헤이룽장黑龍江에서 생산하는 음료 '샤오위디엔小雨点' 의 광고를 맡았다. 이것은 베이징에서 샤오위디엔의 시장 점유율을 판가름할 수 있는 아주 중요한 광고였다. 그는 먼저 베이징의 음료 시장 현황과 구조를 자세하게 분석하고, "샤오위디엔을 찾아라!" "베이징이 그것을 찾고 있다" "드디어 샤오위디엔을 찾았다" 라는 티저 광고를 시리즈로 내보냈다. 샤오위디엔은 이 광고에 불과 42만 위안을 투자하고도 마침내는 코카콜라Coka-cola와 스프라이트Stripe, 환타Fanta 등을 제치고 베이징에서 시장 점유율 1위를 차지할 수 있었다. 1998년에는 〈중국 경영보中國經營報〉가 이 광고 시리즈를 1997년의 가장 우수한 광고로 뽑기도 했다. 이어서 그는 '아오珍奧' 의 광고 프로젝트를 맡았다. 모두 중소기업의 광고였지만, 간단하고 직접적인 그의 광고는 소비자의 마음을 흔들기에 충분했다. 융린永林의 바닥재 광고를 끝낸 뒤 그에게 이번에는 성샹聖像그룹이라는 대기업에서 광고 의뢰가 들어왔다. 이때부터 예마오쭝은 그의 광고 인생에서 질적으로 성장하게 되었다. 그리고 이 광고를 끝내자마자 중국 전역의 지명도 있는 기업들이 앞 다투어 예마오쭝과 계약을 맺으려 했다. 모든 광고인이 꿈꾸는 일이 바로 예마오쭝에게 일어난 것이다.

　예마오쭝이 그 꿈을 이루는 데는 고작 3년이 걸렸을 뿐이었다. 누군가는 그를 행운의 사나이라고 말하기도 했다. 사실, 광고계에 발을 들여놓자마자 광고주들이 줄이어 그를 찾았으니 그런 말이 나올 만도 하다. 하지만 광고 회사를 설립하고 2년 동안, 예마오쭝은 사무실 한쪽에 마련한 허름한 간이침대에서 잠을 잤다. 대기업 광고를 기획할 때는 과로로 쓰러지기도 했고, 피를 토한 적도 있었다. 이처럼 창의력을 발휘한다는 것은 결코 쉽지 않은 일이다. 거기에는 대단한 결심과 신념이 필요하다. 심지어 목숨까지도 버릴 수 있는 신념 말이다. 창조적 인물로 손꼽히는 예마오쭝, 그가 보여 준 창의력 뒤에는 얼마나 많은 땀과 노력이 있었을까?

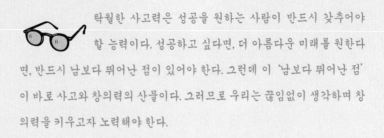

탁월한 사고력은 성공을 원하는 사람이 반드시 갖추어야 할 능력이다. 성공하고 싶다면, 더 아름다운 미래를 원한다면, 반드시 남보다 뛰어난 점이 있어야 한다. 그런데 이 '남보다 뛰어난 점'이 바로 사고와 창의력의 산물이다. 그러므로 우리는 끊임없이 생각하며 창의력을 키우고자 노력해야 한다.

천지가 생성한 이래로, 어떤 일이든 그 발전과 변화 과정에는 반드시 결함이 존재했다. 그것은 우리가 꼭 관찰해야 하는 것이다. 패합술을 이용해 세상의 이치를 분명하게 찾아내고 그것을 이용해 문제를 해결하는 것이 바로 성인이다. 성인은 자연의 규율과 사회 발전의 규칙을 발견해내고 그것을 지배할 수 있다.

귀곡자 · 저희

창의력을
발휘하라

입조심을 하라

> "고인우언 왈古人有言曰 '구가이 식口可以食, 불가이 언不可以言'
> 언자유휘기야言者有諱忌也."
>
> 귀곡자 · 권權

옛 사람은 "입은 밥을 먹을 때만 사용하고, 말을 할 때 써서는 안 된다"라고 말했다. 일단 입으로 말을 내뱉고 난 뒤에는, 자칫 잘못을 범하게 되어 자신에게 큰 재앙으로 다가올 수 있기 때문이다.

말은 막을 수 없는 것이기에 쉽게 오해를 불러일으킬 수 있다. 그래서 옛말에 "말하는 자는 마음이 없고, 듣는 자는 뜻이 있다"라고 하는 것이다. 말을 하기 전에는 항상 여러 번 생각해봄으로써 불필요한 오해를 줄이도록 하라.

귀곡자는

「권」에서 옛 사람의 말을 인용해 말했다.

"입은 밥을 먹을 때만 사용하고, 말을 할 때 써서는 안 된다."

선인들은 왜 이런 말을 한 것일까? 귀곡자는 이를 "일단 말을 내뱉으면 쉽게 잘못을 범하게 되어 큰 화를 불러올 수 있다"라고 설명했다. 이처럼 말은 모든 화의 근원이 되기도 한다. 그래서 화를 피하려면 항상 신중해야 하는 것이다. 여기에서 '신중'이라는 것은 말을 하지 말라는 뜻은 절대 아니다. 해야 하는 말을 하되, 하지 말아야 될 말은 입 밖으로 내지 말라는 것이다. 옛말에 "좋은 말 세 마디는 엄동설한의 추위도 녹이지만, 악한 말 한 마디는 유월의 더위도 춥게 만든다"고 했다. 사람 사이에서는 항상 평등하게 교류해야 하고, 신중하고 따뜻하며 선한 말을 해야 한다. 특히, 말솜씨가 유창한 사람일수록 말로 시비가 일어나지 않도록 더욱 신중해야 한다. 이런 것은 어떻게 보면, 일종의 수양이기도 하다. 솔직하다는 것은 좋은 것이나, 그것도 때와 장소와 대상을 가려서 해야 한다. 절대 자신이 하고 싶은 말을 여과 없이 풀어 놓아서는 안 되는 것이다. 내 생각과 행동이 모두 옳은 것은 아닌 데다, 이를 받아들이는 사람의 성격 또한 모두 다르기 때문이다. 그래서 사리분별 없는 직언은 때로 상황을 난처하게 만들기도 하고, 심각하면 인간관계를 서먹하게 만들수도 있다. 뒤에서 누군가를 험담하면 언젠가는 그 이야기가 당사자의 귀에 들어가게 되어 있다. 게다가 이야기는 여러 사람의 입을 거칠수록 걷잡을 수 없이 부풀려져 결국에는 수습할 수 없는 상황에까지 이르게 된다. 불평도 이와 마찬가지이다. 불공평한 일을 당했을 때 바로 불만을 늘어놓으면서 마음을 푸는 것은 절대 잘못이 아니지만, 이런 불평은 종종 극단적으로 부풀려지기 마련이다. 게다가 특정한 일 혹은 모든 사람이 다 아는 인물에게 이런저런 불만이 있다고 이야기를 퍼트리면, 결국 그 당사자의 원한을 살 수밖에 없다. 사람은 화가 나면 마음에도 없는 극단적인 말을 한다. 바로 그렇기 때문에 우리가 평소에 자기감정을 잘 조절해야 하는 것이다. 어떤 일에 부딪히면 내가 잘못한 것은 없는지를 먼저 생각해 보고,

상대방의 입장도 고려해 보라. 이렇게 하면 쉽게 마음을 가라앉힐 수 있을 것이다. 또, 내 감정이 격해진 틈을 이용해 자신의 불만을 표출하려는 사람을 경계해야 한다. 물론 무조건 참으라는 이야기는 아니다. 당장 화를 내는 대신에 상황을 냉정하게 판단함으로써 가장 적절한 결론을 찾으라는 말이다. "모든 화는 입에서 비롯된다" 라는 옛말을 항상 잊지 말라.

역사에서 배우기

2차 세계대전이 막 끝난 어느 날 밤에, 미국인 데일 카네기Dale Carnegie는 런던에서 아주 중요한 교훈을 얻었다. 그날 파티에 참가한 카네기는 그곳에서 자신의 오른쪽에 앉은 한 신사가 마침 재미있는 이야기를 하는 것을 들었다. 그 신사는 성경에 나오는 말이라며 "일을 계획하는 것은 사람이지만 그 결과는 하늘에 달려 있다" 라는 아주 유명한 글귀를 인용했다. 이를 듣다가 그의 말이 틀렸다고 확신한 카네기는 그 자리에서 신사의 말을 바로잡아주었다. 하지만 신사는 버럭 성을 내며 말했다.

"뭐라고? 그 말이 셰익스피어의 작품에 나온다고요? 절대 그럴 리 없소! 그건 분명 성경에 나오는 구절이라고!"

마침 왼쪽에 앉은 친구 프랭크 제르몽Frank Germont이 오랫동안 셰익스피어의 작품을 연구해온 터라 카네기는 그에게 도움을 청했다. 프랭크는 그의 이야기를 잠자코 듣더니 탁자 아래로 카네기의 다리를 툭 차고는 태연하게 말했다.

"데일, 이 신사분의 말이 맞네. 그건 분명히 성경에 나오는 구절이야."

그날 밤, 집으로 돌아가는 길에 카네기는 다시 친구에게 물었다.

"프랭크, 자네는 그 구절이 분명히 셰익스피어의 작품에 나온다는 걸 알지 않는가!"

그러자 프랭크가 말했다.

"물론 알지. 정확히 『햄릿Hamlet』 5막 2장에 나온다네. 하지만 데일, 우리는 모두 그 파티에 초대된 손님이었어. 그런 자리에서 꼭 그렇게 다른 사람의 잘못을 지적해야만 했나? 그렇게 하면 사람들이 좋아한다고 생각하는 건가? 그러니까 내 말은, 왜 그 신사의 체면을 살려 주려 하지 않았냐는 말일세. 그 사람은 자네의 의견을 묻지 않았어! 그런데 왜 굳이 언쟁을 하려 드는 것인가. 그럴 땐 다툼을 피하는 게 가장 좋은 거야!"

원대元代의 「권인백잠勸忍百箴」에는 이런 말이 나온다. "모든 화는 말에서 비롯된다. 입은 일日, 월月, 성星의 '삼진三辰'을 기록하고, 금金, 목木, 수水, 화火, 토土의 '오행五行'을 널리 알리고자 있는 것이다. 그런데 입에서는 이와 함께 모든 화가 나온다." 말이 많으면 실수도 많다고 하지 않던가? 그래서 우리는 언제나 신중하게 말해야 하고, 불필요한 말은 삼가야 한다.

지혜는 모든 사람이 모르는 곳에 사용해야 하며, 다른 사람이 보지 못하는 곳에 발휘해야 한다.

귀곡자 · 모

입조심을 하라

근거 없는 말은
하지 말라

"고인유언왈古人有言曰, 중구삭금衆口鑠金, 언유곡고야言有曲故也."

귀곡자 · 권權

옛사람이 말하기를, 군중의 입은 쇠도 녹인다고 했다. 말 속에는 옳지 않은 것이 있기 때문이다.

길에서 주워들은 이야기를 쉽게 믿거나 다른 사람에게 함부로 전달하지 말고, 사실을 근거로 다시 한 번 점검해야 한다. 어떤 일을 하든지 다른 사람의 의견에 휘둘리지 않고 자신의 신념을 끝까지 지킬 수 있어야 한다.

군중의

입은 쇠도 녹인다고 했다. 사람의 말 속에는 옳지 않은 것도 있기 때문이라는 것이다. 말은 그것이 옳든 옳지 않든, 말이 모여 여론을 만들면 그 힘은 쇠를 녹일 수 있을 만큼 대단하다는 뜻이다. 이제부터 살펴볼 이야기가 바로 이에 관한 것이다.

옛날에 증참曾參이라는 어진 이가 살았는데, 그의 어머니는 자신의 아들을 그 어떤 이보다 자랑스럽게 여겼다. 그러던 어느 날 누군가가 증참의 어머니를 찾아와 말했다.

"증참이 사람을 죽였소."

하지만 어머니는 그 말을 믿지 않았다.

"내 아들은 사람을 죽일 아이가 아니오."

말을 마친 그녀는 계속해서 베를 짰다. 그리고 얼마 지나지 않아 다른 사람이 뛰어와 말했다.

"증참이 사람을 죽였소."

어머니는 역시 들은 체도 않고 하던 일만 계속 했다. 잠시 후, 또 한 사람이 헐레벌떡 달려와 말했다.

"증참이 사람을 죽였다고 합디다."

그제야 그 말이 사실이라 여긴 어머니는 황급히 짐을 싸 담을 넘어 달아났다. 아무리 어진 인물의 어머니라도 이렇게 여러 사람이 이야기하는 소문 앞에선 아들을 믿지 못하게 되는 것이다. 이 이야기에서 알 수 있듯이 아무리 황당한 거짓말도 여러 사람이 말하면 진실이 되기 마련이다. 귀곡자는 이러한 옛사람의 말을 이용해 쓸데없는 소문에 휩쓸리지 말 것을 당부했다.

어떤 일의 진위를 판단하려면 맹목적으로 소문을 따르는 것보다는 우선 그 일을 꼼꼼하게 조사하고 관찰해야 한다. 살다보면 수많은 유언비어를 듣게 되지만, 우리는 그러한 소문에도 언제나 이성을 잃지 않는 태도를 유지해야 한다. 먼저, 소문을 퍼트리지 않는 것이 가장 중요하다. 그러니까, 누가 어떤 소리를 하든지 절대 그것을 다른 사람에게 전달하지 않아야 하는 것이다. 실제로 우리가 듣는 말이 모두 사실은 아니지 않던가. 그런데도 그런 근거 없는 말을 남에게 전달하면, 결국 나 또한 유언비어를 만드는 데 동참하는 꼴이 되고 만다. 다음으로, 쉽게 믿지 말라. 자신이 직접 본 것이 아니면 절대 쉽게 믿어서는 안 된다. 그리고 직접 보았다고 해도 그것이 다 진실이란 법은 없다. 또한, 자신과 관련된 일이 아니라면 괜히 끼어들 필요는 없다. 물론, 나와 관련된 일이라면 냉정한 태도를 유지하며 자세하고 꼼꼼하게 따져봐야 한다. 그렇게 하면 무엇이 진실인지 금방 알 수 있다. 마지막으로, 자신의 뜻을 확고히 하는 것이 중요하다. 모든 사람이 진리를 아는 것은 아니다. 그러니 어떤 일을 하든지 다른 사람의 의견에 휘둘리지 않고 자신의 신념을 끝까지 지킬 수 있어야 한다. 그것이 바로 성공으로 가는 출발점이라는 것을 잊지 말라.

역사에서 배우기

제나라에 모공毛空이라는 사람이 있었다. 그의 유일한 낙은 쓸데없는 이야기를 듣고 와서 이를 다른 사람에게 더욱 부풀려 떠벌리는 것이었다. 어느 날, 오리 한 마리와 고기 한 점에 관한 이야기를 주워들은 그는 곧 그것을 부풀려 친구인 애자艾子에게 말했다.

"어떤 사람이 알을 잘 낳는 거위를 키우는데, 글쎄 그 거위가 하루에 알을 100개나 낳는다지 뭔가."

애자가 믿지 않자 모공은 다시 말했다.

"아마 두 마리가 낳았나 보네."

애자가 여전히 믿지 못하겠다는 표정으로 쳐다보자 모공은 점점 자신 없는 목소리로 말했다.

"그럼 네 마린가? 여섯 마리? 열 마리?…."

모공은 잠시 입을 닫고 있더니 다시 또 애자에게 이야기를 꺼냈다.

"어느 날 하늘에서 고기 한 점이 떨어졌는데, 글쎄 그 길이가 서른 장이나 된다고 하더라고!"

이번에도 애자가 믿지 않자 모공은 다급하게 말했다.

"아마 스무 장일 걸세."

"아, 아니야, 열 장이던가?"

그러자 애자가 참지 못하고 말했다.

"자네가 말하는 그 오리의 주인이 대체 누군가? 그리고 그 고기가 떨어진 곳은 또 어디라고 하던가?"

모공은 선뜻 대답을 못하고 우물쭈물하다가 결국 입을 열었다.

"그냥 길에서 오다가다 들은 이야기네."

그 이야기를 듣고 어이가 없다는 듯 웃은 애자는 뒤에 서 있던 학생들을 보고 말했다.

"너희는 절대 여기 있는 모공처럼 길에서 들은 이야기를 함부로 전하고 다녀서는 안 되느니라."

『전국책戰國策』「위책魏策」에 이런 말이 나온다. "저잣거리에 호랑이가 없다는 것은 모두 아는 사실이지만, 세 사람만 '호랑이가 있다'고 말해도 없던 호랑이가 생긴다"라는 말이다. 이 이야기는 많은 사람이 말하면 헛소문일지라도 때로는 진실이 되어버릴 수 있다는 것을 말해준다. 또, 『논어論語』「양화陽貨」에서는 덕을 갖춘 사람이라면 절대 길에서 들은 말 따위 전하지 않아야 한다고 강조했다. 이처럼 우리는 살면서 듣게 되는 많은 소문들을 모두 사실인지 아닌지 정확하게 따져봐야 한다.

성인들은 지략을 쓸 때 드러내지 않으나, 우매한 사람들은 크게 떠벌린다.

귀곡자 · 모

근거 없는 말은 하지 말라

216

하루아침에 이루어지는 성공은 없다

"위강자爲强者, 적어약야積於弱也."

귀곡자 · 모謀

강함은 약함이 쌓여 만들어진 것이요, 여유로움은 부족함이 모여 생긴 것이다.

이 세상에 단번에 성공할 수 있는 사람은 없다. 누구든, 무슨 일이든, 끊임없이 노력해야만 비로소 자신의 운명을 바꿀 힘을 모을 수 있다. 오랜 시간 노력이 쌓이다 보면 그제야 비로소 그것이 질적인 것으로 변화해서 성공이 찾아오는 것이다.

귀곡자는

"모든 강한 것은 약함이 쌓인 것이요, 여유로움은 부족함이 모여 생긴 것이다" 라고 했다. 다시 말해, 귀곡자는 작은 것이 모여 큰 것이 된다고 생각한 것이다. 성공을 원하는 사람이라면 역시 '축적'하는 법을 배워야 한다.

명나라의 유명한 의학자 이시진李時珍은 고생도 마다 않고 전국을 누비며 수많은 종류의 약초를 채집했다. 그는 약초 지식을 넓히고자 모르는 것이 있으면 끊임없이 현지 사람에게 물어보면서 약초를 모았다. 그렇게 하루가 가고, 일 년이 갔다. 그동안 그는 처방전만 수만 개를 만들어냈고, 잘못된 약학 지식도 꽤 많이 바로 잡았다. 그리고 그것은 중국의 약학 서적을 다시 쓰는 데 아주 중요한 자료가 되었다. 이시진은 무려 27년에 걸친 노력 끝에 마침내『본초강목本草綱目』이라는 역작을 써냈다. 이 책은 약학 방면의 걸작으로, 국제 약학계에서도 중요한 위치를 차지한다. 청나라의 소설가 조설근曹雪芹은 환관의 집안에서 태어났다. 젊은 시절에 무엇이든 관찰하는 것을 좋아했던 그는, 환관과 관련된 여러 가지 이야기들을 자세히 기록해두었고, 이 자료는 훗날『홍루몽紅樓夢』에 등장하는 사史, 설薛, 왕王, 가賈씨 가문의 흥망사에 아주 요긴하게 쓰였다. 이러한 이시진과 조설근의 이야기는 우리에게 조그만 노력이 쌓이고 쌓이다 보면 큰 성공의 조건이 될 수 있다는 것을 이야기해 준다.

축적은 하루아침에 되는 것이 아니다. 반드시 긴 시간과 각고의 노력이 필요하다. 사물의 발전은 양적인 것에서 질적인 것으로 변화하며, 이때 양적인 것이 자꾸 쌓여야만 비로소 질적인 것으로 바뀔 수 있는 법이다. 성공은 바로 이 질적인 것으로 변화할 때라고 볼 수 있다. 오랜 시간 노력을 쌓다 보면 그제야 비로소 그것이 질적인 것으로 변화해 성공이 찾아오는 것이다. 하지만 우리 주변에는 작은 일을 하찮게 여기고 노력하지 않으며 그저 기회가 오기만을 기다리는 사람이 정말 많다. 그러나 이런 사람들이 성공하는 경우는 드물다. 천리 길도 한 걸음부터요, 넓은 바다도 작은 물줄기가 모여 만들어진다는 사실을 잊지 말라. 위대한 성공이든 소박한 성취든 모두 노력이 있어야만 실현할 수 있는 것이다. 그러므로 우리는 앞으로 무슨 일을 하든지 성공에만 집착하거나 아무런 노력 없이 큰 것만을 바라서는 안 될 터이다. 늘 작은 일부터 노력하고, 작은 성취라고 해서 가볍게 여기지 않도록 하라. 목표는 크게 가지되 작은 일부터 실천해야 한다. 끊임없이 작은 성취들을 이루어내고 그것이 어느 정도 쌓이다 보면, 분명 질적 변화가 일어나게 마련이다. 이렇게 차근차근 단계를 밟아나가 언젠가 현재의 상황을 뛰어넘으면, 더 큰 성공을 거머쥘 수 있다.

역사에서 배우기

20세기 초에 윌리엄 갠William Gann은 더 나은 인생을 살고자 남다른 노력을 기울였다. 그는 온종일 좁은 지하실에서 차트 수만 개를 하나하나 종이 위에 그려 벽에 붙였다. 그리고는 몇 시간 동안을 차트만 바라보며 생각에 잠기기도 했다. 얼마 후 미국에서 증권 시장이 처음 열렸을 때부터 지금까지 있었던 모든 기록을 모은 그는, 뒤죽박죽 엉킨 수많은 데이터 중에서 어떠한 규칙을 발견해 내려고 노력했다. 당시 별다른 수입이 없던 그는 친구에게 얹혀살면서 하루하루를 겨우 보내고 있었다. 그리고 그런 생활을 한 지 어느덧 6년이란 세월이 흘렀다. 그 6년 동안 윌리엄 갠은 미국 증권 시장의 추세를 집중적으로 분석하며 고대 수학과 기하학, 천문학의 관계도 연구했다. 그리곤 곧장 회사를 설립한 윌리엄 갠은 마침내 증권 시장의 추세를 예측할 수 있는 방법을 발견해 냈다. 그는 이 방법을 '시간 구조 이론'이라고 불렀다. 이를 통해 그의 회사는 5억 달러를 벌어들였고, 윌리엄 갠은 이론 연구를 바탕으로 성공한 월스트리트Wall street의 신화적 인물이 되었다. 또, 그는 전 세계 증권업계 인물이라면 모두 알고 있는 '각도 이론'의 창시자이기도 하다. 현재 그의 이론은 수십 개의 언어로 번역되었고, 금융인이라면 반드시 읽어야 할 필독서가 되었다.

사람은 저마다 꿈이 있고, 성공을 갈망한다. 하지만 꿈에 비해 너무나 보잘것없는 능력은 성공으로 향하는 데 가장 큰 장애물이다. 꿈은 높지만 능력이 부족한 사람들, 그들은 늘 성공한 사람의 화려한 모습 뒤에 피나는 노력이 감춰져 있다는 것을 보지 못한다.

이런 것들을 구체적인 일로서 판단하므로 강한 것도 약한 것이 쌓여서 만들어지고, 여유가 있는 것도 부족한 것이 쌓여서 만들어지며, 곧은 것도 구부러진 것이 쌓여서 만들어지는 것이니, 이것이 도(道)의 행함이다.

귀곡자·모

하루아침에
이루어지는
성공은 없다

융통성 있는 처세를 위한 아홉가지 방법

"여지자언與智者言, 의어박依於博"

귀곡자 · 권權

지혜로운 사람과 사귀려면 풍부한 지식이 필요하다.

모르는 사람과 교류하고 사귀려면, 상대방에게 맞는 방법과 전략을 융통성 있게 사용해야 한다. 사람과 교제할 때 한 가지 방법만 고수하면, 그 사람은 융통성 없는 고집쟁이로 비치기 쉬워 좋은 인간관계를 유지하는 것이 힘들다.

귀곡자는

처세의 전문가다. 그는 「권」을 통해 훌륭한 처세 방법을 설명했다.

첫째, 지혜로운 사람과 교류하려면 넓은 지식이 필요하다. 상대방이 나의 말 속에서 무언가를 배우고 깨달을 수 있게 하라.

둘째, 우둔한 사람과 사귈 때는 그가 생각을 바로잡고 시비를 분별할 수 있도록 도와 주라.

셋째, 언변이 좋고 사리 판단이 확실한 사람과 만날 때는 상대방의 말을 경청하여 그 속에서 무언가를 배우고 깨닫도록 하라.

넷째, 신분이 높고 권세가 대단한 사람을 사귈 때는 자신감 있게 대하고, 절대 주눅 들지 말라.

다섯째, 부자와 만날 때는 돈이나 물질보다 학문과 예술 같은 고상한 주제로 이야기하라.

여섯째, 가난한 사람을 대할 때는 실질적인 혜택을 베풀거나 돈을 벌 수 있는 방법 등을 조언하라.

일곱째, 지위가 낮은 사람과 이야기할 때는 항상 겸손하게 행동해서 상대방을 존중한다는 것을 스스로 느끼게 하라.

여덟째, 용맹하고 직선적인 사람을 대할 때는 상대방의 기백에 감탄했다는 것을 알리고, 자신의 용맹함과 솔직함도 표현하라.

아홉째, 잘못을 한 사람과 이야기할 때는 '잘못을 알면 고칠 수 있다'는 것을 강조하며 격려해 주라.

사실 귀곡자가 알려주는 처세의 가르침을 모두 실천하기란 결코 쉬운 일이 아니다. 하지만 그렇다고 해서 노력을 포기하는 것은 절대 안 된다. 사람과 교제할 때 한 가지 방법만 고수하면, 그 사람은 융통성 없는 고집쟁이로 비치기 쉬워 좋은 인간관계를 유지하는 것이 힘들다. 물론, 여기에서 귀곡자가 주장하는 '융통성'이란, 결코 원칙을 포기하라는 말이 아니다. 그는 앞에서 융통성 있는 처세를 '원圓'이라 하고, 행동의 원칙을 '방方'이라고 하면서 반드시 이 둘을 적절하게 사용해야만 올바른 처세를 할 수 있다고 강조했다.

역사에서 배우기

2차 세계대전이 일어날 당시, 미국 남태평양 전선의 사령관 브래들리 Omar Nelson Bradley는 매우 시급하고 위험한 임무를 집행해야 했다. 그는 즉시 병사들을 불러 모아 말했다.

"이번에 우리는 아주 중요하고 위험한 임무를 수행해야 한다."

브래들리는 잠시 병사들을 훑어보고는 다시 말을 이어 나갔다.

"이 임무를 맡고 싶은 사람이 있다면 두 발 자국 앞으로…."

그때 마침 통신병이 새로운 전보를 가지고 왔다. 브래들리가 전보를 읽고 다시 눈을 들었을 때, 병사들의 대열은 누구 하나 앞으로 나오지 않은 처음 그대로였다. 순간 브래들리의 눈은 분노로 이글거렸다.

"사령관님!"

그때 대열의 가장 앞에 서 있던 병사 한 명이 무언가를 말하려 했다. 하지만 브래들리는 손짓으로 그의 말을 막으며 노한 목소리로 말했다.

"유사시를 대비해 그렇게 힘들게 훈련했는데, 이렇게 시급한 상황에 아무도 임무를 맡지 않으려는 이유가 뭔가!"

"사령관님!"

좀 전의 그 병사가 다시 브래들리를 부르며 말했다.

"조금 전에 모두가 두 발자국 앞으로 나왔기 때문에 대오가 그대로인 겁니다!"

상대방의 발언권을 뺏을 작정이 아니라면 반드시 그 사람의 이야기를 끝까지 들어줘야 한다. 어떤 사람이 말을 하려고 할 때는 반드시 그 이야기를 해야 하는 이유가 있어서이다. 그러므로 당신은 인내심을 가지고 그 이야기를 끝까지 들어주어야 한다. 그렇지 않고 무작정 화를 내거나 말을 끊어버리면 상대방의 감정을 상하게 할 수 있다. 사실 처세에서 주의해야 할 점은 아주 많다. 하지만 인생을 살면서 많은 것을 배우고 생각하면, 어렵지 않게 성공을 거둘 수 있다.

인과 덕을 갖춘 군자는 자연히 재물을 가벼이 본다. 그러므로 돈으로 그를 유혹할 수는 없지만, 대신 재물을 바치라고는 할 수 있다. 용맹한 사람은 어려움을 두려워하지 않는다. 그러므로 우환으로 겁을 줄 수는 없지만, 대신 위험한 곳을 지키게는 할 수 있다. 지혜로운 사람은 사리에 통달했다. 그러므로 사실이 아닌 것으로 그를 속일 수는 없지만, 대신 도리로써 사귈 수는 있으며 아울러 이를 통해 큰일을 해낼 수 있다.

귀곡자 · 모

융통성 있는 처세를 위한 아홉가지 방법

37

반드시 갖추어야 할 네가지 덕목

"안서정정安徐正靜, 기피절무불육其被節無不肉."

귀곡자 · 부언符言

안安, 서徐, 정正, 정靜 을 모두 다 할 수 있는 사람은 경지에 도달한 사람이다. 안정, 침착, 정직, 평온 이렇게 네 가지 수양의 덕목은 우리 모두가 노력해 갖추어야 할 것들이다. 경박하지 않고 말과 행동이 모두 여유로운 것이 바로 '안정' 이다. 침착이란, 서두르지 않고 조급해하지 않으며 모든 일을 이치에 맞게 처리하는 것을 말한다. 정직은 솔직담백함을 뜻한다. 평온함을 갖춘 사람은 남들과 다투지 않고 늘 상대방을 감싸 안는다.

귀곡자는

"점잖고 침착하며 정직하고 평온할 수 있으면 이미 경지에 이르렀다"라고 했다. 이처럼 귀곡자는 안정, 침착, 정직, 평온의 이 네 가지를 수양의 덕목으로 삼았다. 그리고 이를 얻고자 끊임없이 노력해야 한다고 강조했다.

⑴안정

이는 관용이나 자애와 같은 미덕이다. 늘 안정된 심리 상태를 유지하고 너그러운 마음으로 세상사와 인간사를 바라보는 것, 그것이 바로 '안정' 이다. 점잖음은 성숙함을 뜻한다. 살아가면서 수많은 좌절을 경험하고 세상 만물의 깨달음을 얻어 이제는 젊은 시절처럼 경박하지 않고 말과 행동이 모두 여유로운 것이 바로 '안정' 이다. 이렇게 될 수 있으면 스스로 자신의 마음을 다스릴 수 있고, 승패와 시비를 객관적으로 판단할 수 있다. 오직 성숙한 사람만이 이렇듯 평온하고 침착할 수 있으며 고결하고 대범할 수 있다. 그리고 침착한 사람은 자애롭고 선량하며 너그럽다. 이들은 말투가 편안하고 행동은 자연스러우며 마음과 행동을 모두 자유롭게 다스릴 수 있다. 그것이 바로 외부 세계의 간섭을 받지 않는 '자유' 와 '자각' 의 경지이다.

⑵침착

이것은 온화하고 평화로우며 소박하고 대범한 것이다. 예부터 지금까지 침착함은 가장 오르기 힘든 수양의 경지로 여겨졌다. 명나라의 학자 여곤呂坤은 『신음어呻吟語』에서 이렇게 말했다.

"천지 만물의 이치는 모두 침착함에서 시작하며, 조급함으로 망한다."

침착이란, 서두르지 않고 조급해하지 않으며 모든 일을 이치에 맞게 처리하는 것을 말한다. 외부 환경의 변화에도 화내거나 겁먹지 않고, 또 놀라거나 포기하지도 않는다. 좌절해도 낙담하지 않으며, 성공하더라도 이성을 잃을 정도로 기뻐하지 않는다. 침착은 그 사람의 도량과 수양의 정도, 성격과 행동을 나타낼 뿐 아니라 생리적, 신체적으로 필요한 조화와 규율, 건강에 부합하는 심리 상태이자 생활 방식이다. 또한, 침착은 이성이자 참을성이며 도량이다. 침착함을 갖춘 사람은 위기와 맞부딪혀도 당황하지 않고, 갑작스런 영예나 모욕에도 휘둘리지 않으며, 위험을 기회로 바꿀 수 있다.

(3) 정직

정직은 솔직담백함을 뜻한다. 옛말에 정직하면 모든 사악한 것들이 저절로 사라진다고 했다. 정직은 예전부터 전해 내려오는 전통 미덕이며, 처세에 반드시 갖추어야 할 덕목이기도 하다. 정직한 사람은 사심이 없어 반듯한 인품으로 세상에 우뚝 선다. "마음은 규칙과 같고, 뜻은 자와 같으며, 평정심은 물과 같고, 정직은 밧줄과 같다"는 말이 있다. 이처럼 정직은 우리에게 무슨 일을 하든지 책임감을 가지고 자신의 가치관을 지키며 도의를 저버리지 말 것을 강조한다. 그렇게 하면 사사로운 이익을 탐하지 않고, 겉으로만 따르는 척 하지 않으며, 정의를 지킬 수 있게 되는 것이다. 그리고 정직한 사람은 견실하다. 언제나 성심성의껏 최선을 다하며 실천하고, 거짓을 말하지 않으며, 남을 기만하지도 않는다. 모든 사람에게 늘 마음을 활짝 열고 대하며, 목표를 이루고자 쉬지 않고 달린다. 또한, 정직한 사람은 굽어지지 않는다. 이런 사람은 쓰러뜨릴 수도, 제압할 수도, 속일 수도 없으며 더군다나 나쁜 길로 끌어들일 수도 없다. 빙 둘러서 말하지 않고 마음속으로 꼬인 것도 없다. 게다가 마음과 행동을 달리하지 못하며 언제나 바른말과 바른 행동을 하고 스스로 잘못을 고쳐 나간다. 뿐만 아니라 정직한 사람은 두려움이 없다. 정의감은 한 일을 후회하지 않으며, 옳은 것은 끝까지 밀고 나가고 그른 것은 아니라고 말할 수 있게 한다. 정직하고 정의로운 사람은 가슴에 패기를 품고 진리를 추구하며, 이를 위해 고생도 마다하지 않는다. 물론, 정직은 완고함이 아니라 강인한 이성과 정의를 추구함을 말한다.

(4)평온

이것은 수양의 드높은 경지이다. 평온함을 갖춘 사람은 고독을 즐길 줄 알고, 좀처럼 감정을 드러내지 않으며, 그저 묵묵히 앞으로 나아간다. 남들과 다투지 않고 늘 상대방을 감싸 안는다. 평온함은 달인의 모습이기도 하다. 이런 사람들은 영예와 치욕에 휘둘리지 않으며 조용히 자신의 길을 간다. 다른 사람을 따르지도 않고, 스스로 자기 성취를 일군다. 그리고 평온함은 또 다른 인생의 한 모습이다. 함부로 세상에 나서지 않는 그들은 도연명의 시 '채국동리하'처럼 늘 유유하다. 평온함은 결코 세상을 외면하는 것이 아니다. "원래 아무것도 없었는데 어디서 먼지가 생긴단 말인가"와 같은 소탈함이다. 평온함은 나이가 아닌 인생의 경험과 큰 관련이 있으며, 인생에서 경험한 것이 많을수록 깨달음은 더욱 깊어진다. 이런 사람들이 기억의 서랍을 열 때, 평온함은 평정심을 유지하는 데 아주 큰 도움이 된다. 좋은 기회를 놓친 아쉬움, 알게 모르게 저지른 실수, 타인의 성공을 보고 느꼈을 자괴감과 질투 등…. 하지만 평온함을 갖춘 사람은 그저 한 번 웃음으로써 이 모든 것을 잊을 수 있다. 그러한 모든 것은 끝인 동시에 또 다른 시작점이기 때문이다. 다시 말해, 일시적인 결과에 울고 웃어서는 안 된다. 세상만사는 돌고 도는 법이며 지금도 계속해서 움직이지 않는가! 최선을 다했다면 거기에 만족해야 하며, 결과에 부끄러워할 필요도 없다. 평온함이란, 안으로는 항상 반성하고 자중하며 자신을 강하게 하는 것을 뜻한다. 또, 밖으로는 엄격한 스승이자 좋은 친구이며 말없이 바라보는 두 눈동자이다.

역사에서 배우기

왕희지王羲之의 백부인 왕도와 왕돈은 사마예司馬睿를 도와 동진東晉을 세운 개국 공신이어서 그의 가문은 동진 시대에 꽤 명망이 있었다. 그중에 왕도王導는 재상을, 왕돈王敦은 대장군을 지내며 동진의 병권을 모두 쥐고 있었다. 당시 나라 안에는 "왕王과 마馬가 함께 나라를 다스린다"는 말이 떠돌 정도로 왕씨 일가의 권력은 아주 강했다. 그런데, 이미 신하로서는 더할 나위 없는 영광을 누리던 왕돈은 야심이 아주 커 황제의 자리까지 넘보게 된 것이다. 이것이야말로 공을 세울 수 있는 절호의 기회라 생각한 왕돈의 모사 전풍錢風은 계속해서 왕돈을 부추겼고, 결국 두 사람은 의기투합해 모반을 결심했다.

어느 초여름 새벽에 왕돈이 막 잠에서 깼을 때였다. 갑자기 전풍이 황급하게 그를 찾아왔다. 아무런 말없이 자신에게 눈짓만 하는 전풍을 보고, 왕돈은 손짓으로 시종들을 물렸다. 두 사람은 곧 문을 걸어 잠그고 모반을 일으킬 계획을 세워 나갔다. 전풍이 은밀한 목소리로 이야기를 시작하자 듣고 있던 왕돈의 표정은 점점 긴장하여 상기되었다. 그렇게 얼마나 시간이 흘렀을까? 왕돈이 갑자기 자리에서 일어나 손짓으로 전풍의 말을 막았다. 마침 창밖을 내다보던 그의 눈에 맞은 편 서재에 걸어둔 휘장이 살짝 흔들리는 것이 보였기 때문이었다. 왕돈은 그제야 조카 왕희지가 그 서재에서 자고 있다는 사실을 떠올렸다. 당시 열한두 살이었던 왕희지는 평소에 왕돈의 사랑을 듬뿍 받으며 자랐다. 왕돈이 총명하고 무슨 일이든지 금세 깨우치는 왕희지를 일찌감치 가문의 후계자로 점찍어 두고 항상 그를 곁에 두었던 것이다. 그래서 왕희지는 이번에도 벌써 며칠 동안 왕돈의 집에 머물고 있었는데, 마침 그 침실이 왕돈과 전풍이 이야기를 나누던 거실과 바로 이어져 있었다. 하지만 왕돈은 전풍이 찾아왔을 때 너무 긴장한 나머지, 왕희지가 그 방에서 자고 있다는 사실을 까맣게 잊어버린 것이었다. 왕돈은 놀란 표정으로 말했다.

"이를 어쩌면 좋단 말인가! 방금 우리가 했던 이야기를 그 아이가 들었다면 이제 어떻게 해야 하지!"

거병이니 찬탈이니 하는 것은 분명 크나큰 반역죄였다. 만일 그것이 새어 나가기라도 한다면, 결말이 어떨지는 보지 않아도 알 수 있었다. 전풍은 두 눈 가득 살기를 띄며 왕돈에게 말했다.

"대장군, 만약 이 일이 알려지면 우리는 모두 죽습니다. 무릇 담이 작으면 군주가 아니라 했고, 독하지 않으면 사내대장부가 아니라 했습니다."

전풍은 이렇게 말하며 은근히 왕돈에게 조카를 죽일 것을 종용했다. 잠시 생각에 잠겼던 왕돈이 마침내 결심이 선 듯한 표정으로 말했다.

"대장군이 큰일을 하려면 과감하게 행동해야겠지. 잘라야 할 때 자르지 않으면 더 큰 화가 생긴다고 했으니 말이오."

그러자 전풍은 왕돈을 더욱 재촉했다. 왕돈은 조카가 자고 있는 방을 바라보며 조용히 말했다.

"애야! 무정한 나를 용서하려무나."

말을 마친 왕돈은 날이 시퍼렇게 선 청룡보검을 빼어들고 왕희지의 방으로 갔다. 전풍도 조용히 그 뒤를 따랐다. 살며시 손으로 휘장을 걷고 검을 내리치려던 찰나, 왕돈은 행동을 멈추고 말았다. 왕희지가 색색 숨소리를 내며 아주 달게 자고 있었던 것이다. 심장박동도 일정한 것을 보니 한참 자고 있는 게 분명했다. 왕돈은 그제야 마음이 놓였다.

'아무것도 듣지 못했구나!'

그는 즉시 검을 감추고 전풍의 손을 잡아끌며 왕희지의 방에서 나왔다. 정말 위기의 순간이었다. 왕희지는 자칫하면 삼촌의 손에 죽을 수도 있었던 것이 아닌가! 사실 전풍이 역모 계획을 이야기할 때부터 이미 잠이 깬 왕희지는, 뜻하지 않게 두 사람의 이야기를 다 듣고 말았다. 비록 어린 아이였지만 그는 그것이 얼마나 위험한 일인지 직감했다. 그리고 왕돈이 검을 들고 자신의 방으로 올 때, 왕희지는 두려움으로 심장이 터질 것만 같았지만, 그는 온 힘을 다해 마음을 안정시키고 두 눈을 감은 채 잠이 깊이 든 척을 했던 것이다. 그래서 왕돈은 조카를 죽이려던 생각을 버리게 되었다. 어린 왕희지는 이렇게 남다른 대범함과 침착함으로 자신의 목숨을 지킬 수 있었다.

이는 장막 안에서 천리 밖의 일도 헤아려 이길 수 있는 계책을 세우려면 반드시 필요한 자질이다. 침착함은 인생을 살아가면서 수많은 경험을 통해 마음속 깊은 곳에서 우러나오는 인생에 대한 낙관이다. 그것은 이해와 득실을 초월하여 정원에 핀 꽃을 여유롭게 감상할 수 있는 마음이며, 오고 감을 마음에 두지 않고 태연하게 하늘의 구름을 바라볼 수 있는 삶의 태도이다.

군주가 평안하고 여유로우며 바르고 안정되어 있다면 도처에 고기가 없는 곳이 없게 되나, 먹을 것을 잘 주어도 안정이 되지 않는다면 마음을 비우고 뜻을 평안히 하여 손해로 기우는 것을 대비해야 한다. 이것이 군주의 자리이다.

귀곡자 · 부언

반드시
갖추어야할
네가지 덕목

38

의지를
갈고닦으라

> "지기고실자知其固實者, 자양야自養也."
>
> 귀곡자 · 본경음부本經陰符
>
> 의지를 지키는 법을 아는 사람은 자아 수양을 갖춘 사람이다.
>
> 의지가 강한 사람은 성공할 수 있다. 하지만 의지가 박약한 사람은 평범한 삶을 살 수밖에 없다. 옛 선인은 "중도에 그만두면 썩은 나무도 부러뜨릴 수 없지만, 끝까지 포기하지 않으면 쇠와 돌에도 새길 수 있다"라고 했다. 강한 의지가 인생에서 얼마나 큰 역할을 하는지 알 수 있는 말이다.

귀곡자는

사람이라면 누구나 자신만의 '위세威勢'를 가져야 한다고 했다. 여기에서 말하는 '위세'란, 밖으로 드러나는 위협적인 힘에 상대되는 말이다. 그렇다면 어떤 방법으로 우리가 이런 위세를 갖출 수 있을까? 귀곡자는 "내재된 힘이 강해지면 밖으로 드러나는 위협적인 힘이 점점 줄어들고 심지어는 없어지기까지 하는데, 이렇게 됨으로써 그 '위세'가 만들어진다"고 말했다. 그러니까, 끊임없이 의지를 갈고 닦으면, 마침내 강한 위세를 갖출 수 있다는 말이다. 사실 우리는 모두 의지를 단련하고자 노력해야 한다. 인생은 마치 길을 걷는 것과 같다. 걷다 보면, 자연스럽게 수많은 장애물에 부딪히게 된다. 바로 그렇기 때문에 강한 의지를 가지고 끝까지 앞으로 걸어가야 하는 것이다. 옛 선인은 "중도에 그만두면 썩은 나무도 부러뜨릴 수 없지만, 끝까지 포기하지 않으면 쇠와 돌에도 새길 수 있다"라고 했다. 강한 의지가 인생에서 얼마나 큰 역할을 하는지 알 수 있는 말이다. 또, 셰익스피어는 우리의 몸을 정원에, 의지를 정원사에 비유했다. 열심히 잡초를 뽑고 씨를 뿌리며 거름을 주어 가꾸든지 아니면 손 놓고 불모지로 내버려 두든지 그것은 전부 우리의 의지에 달렸다는 것이다. 이런 이야기들은 삶에서 의지가 얼마나 중요한지 설명해 준다. 인생길에는 도처에 가시덤불과 같은 좌절이 널려 있다. 이러한 길을 가야 하는 사람에게 의지마저 없다면 인생은 너무나 고달플 것이다. 하지만 의지가 강한 사람은 어떠한 어려움에 부딪히더라도 멈추지 않고, 넘어져도 툭툭 털고 다시 일어나 앞으로 나가기 마련이다. 그런 사람은 진정한 인생을 맛보고 나중에는 성공의 기쁨도 얻을 수 있다. 세찬 바람이 불어야 억센 풀을 알 수 있고, 뜨거운 불이 있어야 진짜 금을 가려낼 수 있다고 했다. 강한 의지는 이처럼 고난을 이겨내는 과정에서 비로소 그 빛을 발한다. 한나라의 사학자이자 문학가인 사마천 역시 의지가 아주 강한 사람이었다. 그는 전쟁에서 패한 뒤 흉노에게 투항한 한나라의 장군 이릉李陵을 변호하다가 한 무제의 심기를 건드려 궁형(宮刑, 생식기를 거세하는 형벌-역주)을 당하면서도 오직 자신의 뜻을 이루어 내고자 그 굴욕을 묵묵히 참고 견뎠다. 그리고 각고의 노력 끝에 『사기史記』가 완성된 것이다.

끊임없이 노력하면 낙숫물로 바위를 뚫을 수 있고, 철근으로 바늘을 만들 수도 있다고 한다. 이러한 이야기들은 우리에게 오랫동안 기울인 노력과 강한 의지가 없으면 성공이 불가능하다고 말해준다. 또, 왕희지 부자가 서예의 대가가 될 수 있었던 것도 평생을 하루같이 글씨 연습을 했던 그 노력과 무관하지 않다. 그러므로 우리는 항상 의지를 단련하고자 노력해야 한다. 오직 의지가 강한 사람만이 모든 어려움을 딛고 일어나 성공할 수 있기 때문이다.

역사에서 배우기

기원전 104년에 사마천은 중국 역사상 최초의 기전체紀傳體 통사를 쓰기 시작했다. 이렇듯 온 힘을 다해 집필에 전념하고 있을 때, 그의 인생에 점점 암운이 드리워졌다. 기원전 99년에 한나라의 장군 기도위(騎都尉, 황제를 호위하는 기병-역주) 이릉이 보병 5천을 이끌고 흉노를 공격했다. 하지만 그는 8만이나 되는 흉노 병사들에게 포위당해 아주 치열한 전투를 벌여야 했다. 게다가 당시 이광리李廣利가 이끌던 주력 부대의 지원을 받지 못한 이릉은, 결국 식량이 떨어져서 적에게 투항할 수밖에 없었다. 이광리는 한 무제가 아끼던 비빈의 오빠였다. 전쟁에서 패하자 불같이 화가 난 한 무제는 사마천을 불러 이 일을 어떻게 처리해야 좋을지 그 방법을 물었다. 사마천은 솔직하게 말했다.

"적군과 아군의 병력은 처음부터 현저하게 차이가 났습니다. 이릉은 소수의 병력만 이끌고 천리를 달려가 지원 부대의 도움도 없이 많은 적을 죽였습니다. 아무리 뛰어난 명장이라 할지라도 그처럼 용맹할 수는 없었을 것입니다. 비록 지금은 적에게 투항했다고 하나, 분명 기회를 보아 나라를 위해 큰일을 할 인물입니다."

이 말은 은근하게 이광리가 자신의 책임을 다하지 못한 것을 나무라는 것이었다. 하지만 오히려 그가 이릉을 두둔한다고 생각한 한 무제는 더욱 화가 치솟아 사마천을 옥에 가두고 사형에 처하라 명령을 내렸다. 당시 한나라에는 사형을 면할 수 있는 방법이 두 가지가 있었다. 첫째는 돈을 쓰는 것이고, 둘째는 사형 대신 '궁형' 을 받는 것이었다. 그러나 일개 사관史官에 불과했던 사마천에게 사형을 면할 만큼 돈이 많을 리가 없었다. 결국 그는 가장 잔인하고 모욕적인 궁형을 받기로 했다. 하지만 사마천이 쉽게 내린 결정은 아니었다. 그는 몇 번이나 자살을 결심했지만, 아직도 완성하지 못한 『사기』를 떠올리며 의지를 다졌던 것이다. 『사기』의 완성은 아버지의 염원이자 자신의 꿈이었다. 차마 감당하지 못할 정신적 고통을 겪으면서도 의지를 꺾지 않았던 사마천은, 마침내 천고에 길이 남을 대작 『사기』를 완성할 수 있었다.

중국 속담 중에 "백 리를 가고자 하는 사람은 구십 리를 반으로 잡는다"는 말이 있다. 다시 말하면, 무슨 일이든 시작하기는 쉽지만 마무리는 어려우니 끝까지 마음을 놓으면 안 된다는 뜻이다. 선인들은 이런 이야기들로써 무슨 일이든 뜻을 세우는 것은 쉽지만 그것을 끝까지 지켜나가는 것은 아주 힘들다는 것을 우리에게 알려준다. 강한 의지는 성공의 필수 조건이다. 그 뜻을 끝까지 지켜 나가야만 비로소 원하는 바를 얻을 수 있다.

의지가 있는 사람은 이미 자아 수양의 경지에 이른 사람이다. 또, 겸손함과 예의를 아는 사람은 다른 사람을 포용할 수 있는 사람이다.

귀곡자 · 본경음부

의지를
갈고 닦으라

아랫사람을 붙잡는방법

떠나가는 사람을 잡고 만류함으로써 그가 다시 한 번 자세히 생각해 보도록 해 야 한다.

꼭 필요한 아랫사람을 잃고 싶지 않다면, 윗사람은 반드시 온힘을 다해 그를 붙잡아야 한다. 물론 붙잡는 방법 역시 매우 중요하다.

귀곡자는

"떠나가는 사람을 붙잡는 말을 해서 그가 다시 한 번 생각해 보게 해 야 한다"고 말했다. 귀곡자는 가치가 있는 사람은 온힘을 다해 붙잡 아야 한다고 했다. 그렇지 않으면 쉽게 놓쳐 버릴 수 있기 때문이다. 그렇다면 그 구체적인 방법은 무엇일까?

"품행이 단정하고 성실하며 정직한 사람은 그의 인품을 칭찬하 고 의지를 격려함으로써 붙잡을 수 있다. 그래도 굳이 가려 한다면,

기쁜 마음으로 훗날을 기약해야 한다."

귀곡자의 가르침은 오늘날의 리더에게도 해당된다. 많은 리더들이 관심 부족과 적절하지 방법으로 우수한 아랫사람들을 쉽게 잃고 있다. 사실, 조금만 더 관심을 가지고 올바른 방법으로 그들을 대해 준다면, 떠나려고 마음먹었던 아랫사람도 쉽게 잡을 수 있다.

(1) 즉각 반응하라

떠나보내고 싶지 않은 부하 직원이 사직할 뜻을 밝힌다면, 10분을 넘기지 않는 짧은 시간 안에 반응을 보여야 한다. 아무리 중요한 일을 하고 있었더라도 즉시 그것을 멈추고 부하 직원에게 집중해야 한다. 그 이유가 뭘까? 첫째, 당신이 그 부하 직원을 얼마나 중요하게 생각하는지 보여 주기 위해서이다. 둘째, 아랫사람의 기대를 저버리지 않음으로써 다시 한 번 나의 마음을 보여 주어라. 즉각적인 반응은 부하 직원의 결심을 바꿀 수 있는 가장 좋은 방법이다.

(2) 비밀을 지키라

부하 직원의 사직 이야기를 가능한 한 비밀에 부쳐야 한다. 그것은 사직 의사를 밝힌 본인에게는 물론, 리더에게도 아주 중요하다. 부하 직원은 혹시 생각을 바꿔 계속 회사에 남을지도 모를 때를 대비해야 하기 때문이다. 소문이 한 번 퍼지고 나면 결심을 바꾸는 것이 쉽지 않게 되어 버린다. 또, 리더는 그러한 소문이 조직에 나쁜 영향을 미치지 않도록 해야 하기 때문이다. 리더가 그를 잡아 두려고 내걸었을 조건이 무엇일지 각종 추측이 난무하고 또 다른 사람들이 그것을 노리고 마음에도 없는 사직서를 던지지 않게 하기 위해서이다.

(3) 아랫사람의 말을 경청하라

누군가가 사직을 하겠다고 하면, 곧바로 조용한 장소로 불러내어 이야기를 들어 보아야 한다. 이렇게 상대방의 이야기를 경청하면서 사직하려는 이유가 조직 내부의 문제(업무 환경, 처우, 인간관계, 업무 리듬, 개인의 비전 등)인지, 외부적 이유(이사, 이민 등)인지를 살펴보아야 한다. 또, 옮기려고 하는 직장의 조건 등을 알아보는 것도 좋다. 이러한 모든 행동은 부하 직원을 붙잡는 데 큰 도움이 된다.

(4) 만류하는 방법을 강구하라

일단 정확한 자료를 수집하고 나면, 리더는 자신이 파악한 부하 직원의 사직 원인을 고려해 조직의 정책과 자원이 허용하는 범위 안에서 그를 붙잡을 만한 방법을 강구해야 한다.

(5) 온 힘을 다하라

구체적인 방법을 만들었다면, 이제 온 힘을 다해 그를 설득해야 한다. 먼저 부하 직원의 사직이 회사에 아주 커다란 일이라는 것을 느낄 수 있게 해야 한다. 그리고 리더는 진실한 마음으로 그가 남는 것이 회사에 얼마나 큰 도움이 되는지도 알려야 한다. 또, 사직을 결심하게 만든 조직 내부의 원인을 고치겠다는 확신을 보여 주어야 한다.

[6] 미연에 방지하라

마지막 단계가 가장 중요하다. 조용히 앉아서 다음 문제가 무엇인지, 또 어떤 문제가 나타날 것인지, 이를 어떻게 해결해야 하는지를 생각해 보아야 한다. 물론, 비록 소를 잃었지만 그걸로 외양간을 고쳐야한다는 다른 사실을 알게 되었다는 것도 중요하다. 하지만 역시 가장 중요한 것은, 미리 미리 예방하는 것일 테다.

물론 이런 방법을 통해 사직을 결심한 모든 부하직원들을 잡을 수 있는 것은 아니다. 하지만 이를 지켜 나가다보면 잃고 싶지 않은 인재를 속수무책으로 떠나보내는 일은 분명 줄어들 것이다.

역사에서 배우기

1947년 어느 날, 한 중년의 남자가 토마스 왓슨Tomas Watson의 아들이자 IBM 2대 사장인 왓슨 주니어Tomas Watson Jr.의 사무실을 찾아왔다. 그는 왓슨주니어를 한번 쳐다보더니 아무런 거리낌 없이 큰 소리로 말했다.

"이제 아무런 희망도 없소. 판매 매니저 자리도 잃은 데다 아무도 하려고 들지 않은 일을 하고 있는 판이오."

이게 무슨 말일까? 사실, 버켄스톡Berkanstock이라는 이 남자는 IBM의 직원이었다. 막 세상을 떠난 IBM의 부사장 커크의 절친한 친구였던 그는 부사장도 죽은 마당에 그와 라이벌이었던 왓슨 주니어가 자신을 그냥 둘 리

242

없다 생각했다. 그래서 그는 쫓겨나는 대신 자기가 먼저 회사를 떠나겠다고 마음먹은 것이다. 왓슨 주니어가 아버지를 닮아 성격이 급하고 체면을 중히 여긴다는 사실을 잘 알았던 버켄스톡은 일부러 그의 사무실을 찾아가 난동을 부렸다. 하지만 이상하게도 왓슨 주니어는 침착했고, 심지어 얼굴에 옅은 미소마저 짓고 있었다. 버켄스톡은 슬슬 긴장하기 시작했다. 무서워서가 아니라, 상황이 자신이 예상한 것과는 전혀 다르게 돌아갔기 때문이다.

"당신이 정말 능력 있는 사람이라면 커크뿐만이 아니라 나와 내 아버지 밑에서도 성공할 수 있을 거요. 만약 불공평하다는 생각이 든다면 떠나도 좋소. 하지만 그게 아니라면 남으시오. 이 회사엔 기회가 많으니."

"…"

버켄스톡이 아무 말도 하지 못하자 왓슨 주니어는 계속해서 말을 이어갔다.

"만약 나라면 남는 쪽을 택하겠소. 내가 방금 한 말을 듣지 못했소?"

버켄스톡은 여전히 아무 대답도 하지 못했다. 사실 왓슨 주니어는 눈앞의 그를 붙잡으려고 최선을 다하고 있었다. 그리고 왓슨 주니어가 버켄스톡을 잡은 것은 과연 정확한 판단이었다. 그는 세상을 떠난 커크보다 더 뛰어난 인재였던 것이다. IBM이 컴퓨터 생산을 시작한 데는 버켄스톡의 공이 누구보다 컸다. 왓슨 주니어가 아버지를 비롯한 회사 임원들에게 컴퓨터 영역 투자를 강화하자고 제안했을 때 그를 지지해준 사람은 오직 버켄스톡뿐이었다. 그때, 그는 왓슨 주니어에게 이런 말을 했다.

"천공 카드 시스템punched card-system은 곧 도태할 겁니다. 지금 이 시점에서 새로운 시스템을 개발하지 않으면, IBM 역시 사라지고 말 겁니다."

왓슨 주니어는 그의 말을 믿었고, 결국 버켄스톡의 도움을 받아 IBM에 큰 공을 세우게 되었다. 훗날 왓슨 주니어는 이런 말을 했다.

"커크가 죽은 후에 버켄스톡을 잡아 둔 것은 내가 한 일 중에 가장 잘한 일이었다."

21세기인 지금, 어떠한 업계이든 그 경쟁의 핵심은 모두 인재다. 사람이 바로 가장 귀중한 자산이며, 모든 것을 결정하는 중요한 요소이다. 인재가 없는 조직은 죽은 조직이며, 나중에는 생존할 수 없게 된다.

'수의守義'라 함은 사람의 의를 지키는 것이며, 더 나아가 상대방의 마음에서도 의를 추구하는 것이다.

귀곡자 · 중경

장점을
충분히 발휘하라

"이실취허以實取虛, 이유취무以有取無, 약이일칭수若以鎰稱銖."

귀곡자 · 본경음부本經陰符

자신의 견실함으로 상대방의 약함을 찌르고, 자신의 장점으로 타인의 약점을 공격하면, 일(鎰, 1일은 24량兩 -역주)의 무게로, 수(銖, 1수는 24분의 1량-역주)와 겨루는 것처럼 쉽게 이길 수 있다.

도전, 그것은 살아가면서 꼭 필요한 것이다. 하지만 계란으로 바위를 치는 무모한 도전을 말하는 것은 아니다. 망치를 가지고 있으면서 왜 그것을 이용해 계란을 치고 바위를 부수지 않는가? 망치를 쓰면 목표에 이를 수 있을 뿐만 아니라 망치의 가치 역시 헛되게 하지 않을 수 있는데 말이다.

성공의 비결은

바로 자신의 장점을 발휘하는 데 있다. 인생에서 어떤 노력을 하든지 살길을 찾는 데 가장 필요한 것은 바로 자신의 장점을 잘 이용하는 것이다. 장점이라는 비옥한 토지 위에 성공의 씨를 뿌려야 한다는 말이다. 이처럼 자신의 장점을 최대한으로 끌어올릴 수만 있다면, 반드시 성공할 수 있다. 귀곡자는 자신이 잘하는 것으로 상대방의 약한 점을 공격하면 분명 승리할 수 있다고 했다. 그는 「본경음부」에서 이렇게 말했다.

"자신의 장점으로 타인의 단점을 공격하는 사람은, 언제나 자신을 따르고 그 뜻에 맞는 사람을 세심하게 살펴보며 또 타인의 결함을 통해 자신의 실수나 약점을 발견한다. 이렇게 하면 나의 행동과 변화는 명확해지고 상대방의 위세를 누그러뜨릴 수 있다."

한 철학자는 "쓰레기는 잘못 쓰인 자원이다"라고 말했다. 이 말을 바꾸어 보면, "자원을 잘못 쓰면 쓰레기가 된다"로 해석할 수 있다. 프랭클린 역시 "제아무리 보석이라도 알맞은 자리를 찾지 못하면 쓰레기나 다름없다"고 말했다. 이처럼 아무리 뛰어난 장점이라도 적절하게 발휘하지 못하면 없는 것이나 마찬가지이다. 장점을 갖추었지만 충분히 발휘하지 못하는 사람은 분명 게으른 사람일 것이다. 이런 사람들은 장점을 개발하고 이용하기 위해 어떠한 노력도 하지 않으며, 그저 현실에 만족하며 살아간다. 반면에 늘 강한 도전 정신으로 자신이 잘하지 못하는 일에 부딪혀도 포기하지 않는 사람이 있다. 이런 사람들은 언제나 진취적인 정신으로 약점을 극복하고자 노력한다. 그것은 도전 정신과 용기의 표현이다. 하지만 그 방법을 배우기에는 역시 어려운 점이 많다. 인생은 유한하고 우리가 하지 못하는 일들은 너무나 많은데, 이렇게 짧은 인생 동안 잘못하는 일을 하려고 엄청난 노력을 기울이는 것은 쓸데없는 발버둥이 아닐까? 우리는 바로 그래서 자신의 장점을 개발하고, 자신이 잘하는 일을 해야 하는 것이다. 돌덩이를 들고 물을 건널 필요는 없듯이 얼마든지 빛을 발할 수 있는 자신을 먼지 가득한 곳에 밀어 넣고 쓰레기가 되도록 내버려 두어서는 안 된다. 자신의 장점을 충분히 발휘할 수 있게 하는 데는, 한 가지 전제 조건이 있다. 먼저 자신을 완벽하고 정확하게 알아야 한다는 것이다. 공자도 "나는 하루에 세 번씩 나를 반성한다. 그러면 지혜가 밝아져 행동에 과실이 없다"라고 하지 않았던가? 이처럼 성공한 사람들은 늘 자신을 연구하고 이해하며 자신의 장점과 단점이 무엇인지 파악한 후 인생의 목표를 정했다. 누군가가 자신이 잘하지 못하는 일을 하며 삶을 꾸려 나가기로 했다고 생각해 보자. 그 얼마나 슬프고도 무서운 일인가! 하지만 자신이 잘할 수 있는 일을 하는 사람은, 하루가 다르게 발전할 수 있으며 그 속에서 새로운 기쁨을 발견해낼 수 있다.

역사에서 배우기

제갈량은 자신의 장점인 뛰어난 언변을 충분히 발휘해 왕랑王朗을 죽게 만들었다. 그 이야기를 한 번 살펴보자. 제갈량이 기산祁山을 나와 위를 정벌하러 오자 위나라의 사도司徒 왕랑이 마침 그와 대적하게 되었다.

왕랑 : (앞으로 나와 공수를 하며) 그대가 제갈공명인가?

제갈량 : (부채를 든 손으로 공수를 하며) 그렇소만.

왕랑 : 내 그대의 이름은 오래전부터 들었다만, 오늘에서야 만나게 되었구나. 그대는 분명 천명을 알 터인데, 어찌 명분도 없는 싸움을 거는 것이냐!

제갈량 : 명을 받들고 역적을 토벌하러 온 사람에게 어찌 명분이 없다고
　　　　하는가?

왕랑 : 천수가 변하고 제위도 바뀌어 천하가 덕 있는 자에게 돌아가는 것
　　　이 바로 자연의 이치다! (조진曹眞이 옆에서 고개를 끄덕인다)

제갈량 : (부채로 가리키며) 조씨 성을 가진 도적이 한의 왕위王位를 찬탈하고
　　　　중원을 차지했는데 어찌 그를 덕 있는 자라 할 수 있는가?

왕랑 : 환제桓帝와 영제靈帝 이래로 황건적이 창궐하고, 천하는 어지러워
　　　졌으며, 종묘사직 역시 계란을 쌓은 듯 위태로워졌다. 그런데 태조
　　　太祖 무武 황제께서 육합(六合, 하늘과 땅 그리고 동서남북을 가리킨다-역주)을
　　　정리하고 팔황(八荒, 동, 동남, 남, 서남, 서, 서북, 북, 북동의 팔 방향을 가리킨다-
　　　역주)을 말끔히 거두어 주시니 민심도 모두 황제께 돌아섰으며, 사
　　　방에 칭송이 자자하다. 힘이 아니라 그것이 천명이었기에 가능한
　　　것이 아닌가! 그리고 문과 무에 모두 능한 세조世祖 문文 황제는 대
　　　통을 이어 하늘과 사람의 뜻에 따르며 나라를 안정으로 이끌었으
　　　니, 이 역시 하늘의 뜻이다. 오늘날 자신을 관중管仲과 악비岳飛에
　　　비기며 재능 있는 이들이 사방에서 몰려드는 것은 어찌 설명할 수
　　　있는가? 옛말에 하늘에 순응하는 자는 흥하지만 거역하는 자는 망
　　　할 것이라 했다. 지금 우리 위나라에는 많은 병사와 훌륭한 장수들
　　　이 있다. 썩은 풀에 꼬이는 벌레 같은 그대들과 비길 바가 아니지!
　　　예로써 투항한다면, 내 제후국의 지위를 빼앗지 않고 목숨 또한 살
　　　려줄 것이다!

제갈량 : (한바탕 크게 웃은 후 부채를 들고 말한다) 내 그대가 한나라의 노장이란
　　　　말을 듣고 필경 고견高見을 들을 것이라 생각하고 왔거늘, 그처럼

망언을 내뱉을 줄은 생각도 하지 못했다. 내 한 수 가르쳐 줄 테니 잘 들어라. 그 옛날 환제와 영제 시절 황실은 쇠락하고 환관이 득세하며 나라가 어지러워졌다. 게다가 황건의 난이 끝난 뒤에는 동탁董卓과 이각李榷, 곽사郭汜가 연이어 들고 일어나 헌제를 협박하며 온갖 흉악무도한 짓을 일삼으니 이로써 조정은 더욱 썩어 문드러졌다. 이렇게 흉악하고 잔인한 이들이 정권을 잡고 종묘사직을 더욱 망쳤는데, 이렇게 나라가 혼란에 빠져 있을 때 그대는 무엇을 했는가? 내 이미 그대의 이야기를 들어 잘 알고 있다. 동해東海에서 태어나 효렴(孝廉, 부모에게 효도하고 형제간에 우애 있는 사람을 관직에 천거하는 제도-역주)으로 관직을 시작한 그대는 마땅히 군주를 보필해 나라를 바르게 이끌어야 하거늘, 어찌 역적의 무리와 손을 잡고 황위 찬탈을 돕는 것인가! 그대의 죄가 결코 가볍지 않으니 하늘도 그대를 용서치 않을 것이다!

왕랑 : (손가락으로 제갈량을 가리키며) 네가… 일개 촌부인 네가 감히!

제갈량 : (노한 목소리로 자리를 박차고 일어나) 닥쳐라! 부끄러움도 모르는 도적 같으니! 지금 천하의 모든 사람들이 네 고기를 씹고자 안달인데, 어찌 감히 그 혀를 놀리느냐! 다행히 하늘이 한의 대통을 끊지 않으시고 서천의 소열昭烈 황제를 두셨다. 내 오늘 그분의 명을 받들고 도적을 토벌하러 왔거늘, 머리를 조아리고 죄를 빌어도 시원찮은 네가 어찌 함부로 천수를 입에 올리느냐! 이제 곧 구천에 가게 될 터이니 무슨 낯으로 한 왕조의 황제들을 뵐지나 걱정해라!

왕랑 : (손으로 가슴을 움켜쥐고 헐떡이며) 나, 난, 나는….

제갈량 : (더욱 더 목소리를 높이며) 이미 70년을 넘게 산 그대는 일생 동안 이러

저러한 공도 하나 세우지 못하고 오히려 조씨 일가를 도와 황위를 찬탈했다. 그러고도 오늘 내 앞에서 잘도 짖어대는구나. 내 그대처럼 수치를 모르는 자는 여태껏 한 번도 본 적이 없다.

왕랑 : 너, 너, 아…!(말에서 떨어져 그만 죽고 만다)

제갈량은 비범한 말재주가 있었다. 그 재주는 적벽대전이 일어나기 전에 동오의 연회에서 제후들을 설득했다는 옛이야기에서도 잘 드러난다. 왕랑과 대치하는 상황에서도 제갈량은 다시 한 번 자신의 탁월한 언변을 발휘해 왕랑을 죽음으로까지 몰아넣었다. 제갈량이 성공을 거둘 수 있었던 것은, 그가 자신의 장점을 충분히 발휘하고 남의 말에 쉽게 격앙하는 왕랑의 단점을 정확하게 파악한 덕분이다. 그래서 그는 마침내 세 치의 혀만으로도 쉽게 적을 물리칠 수 있었다.

자신의 위세를 떨치는 데는 정신적인 힘이 필요하다. '지조술負鳥術'을 이용하려면 반드시 기회를 엿보고 나서야 행동하는 원칙을 지켜야 하며, 자신의 위세를 정비하고 정신을 강하게 하며 상대방의 약점과 실수를 이용해야 한다. 이렇게 하는 것이야말로 진정 자신의 위세를 떨치는 것이라 할 수 있다.

귀곡자 · 본경음부

장점을 충분히
발휘하라